交通运输行业高层次人才培养项目著作书系

U0958660

刘万利　杨云平　由星莹　张明进　刘晓菲　著

长江中下游分汊河段通航主汊引导恢复技术与实践

Techniques and Practices of Main Channel Guidance and Recovery in the Middle and Lower Yangtze River

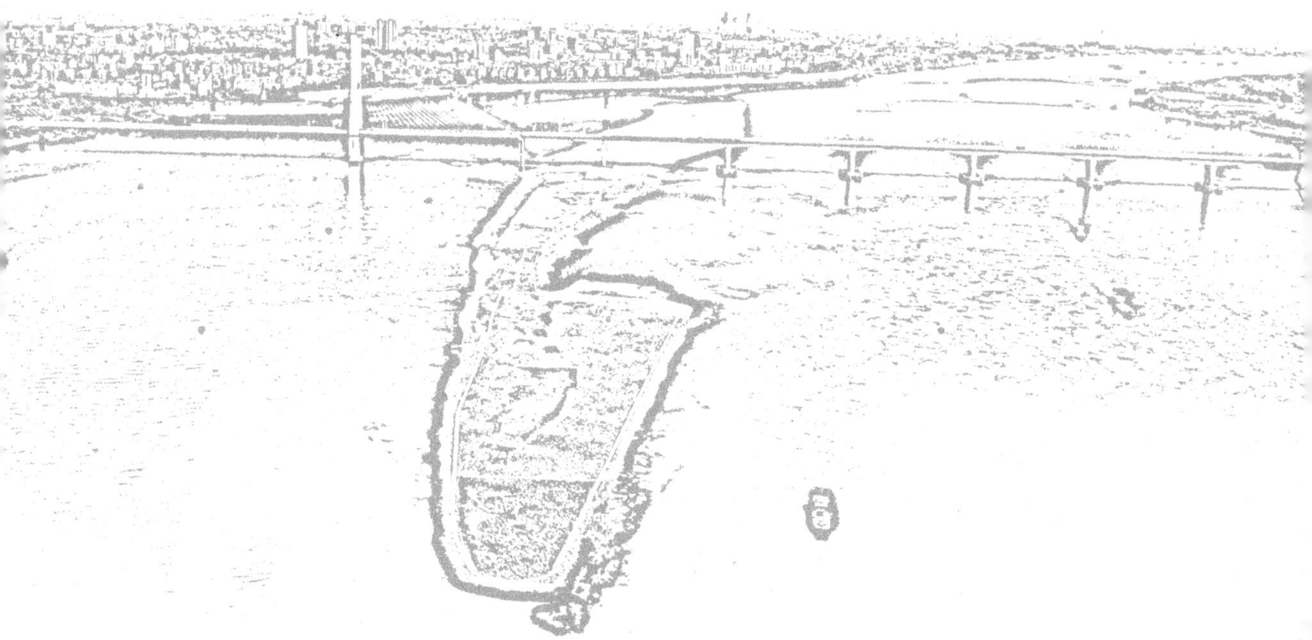

人民交通出版社股份有限公司

北京

内 容 提 要

本书针对长江中下游分汊河段航道整治面临的技术难题和难点，揭示了长江中下游分汊河段主支汊易位和汊道稳定性机理。基于河势单元的非线性模型理论，解释了长江中下游分汊河段汊道的稳定性，提出了分流面的概念和目标河型选取的理论方法。基于分流面的概念，明确了洲头整治工程与分流面的关系。基于河势稳定性机理的分析，对目标河型的选取进行研究，合理确定了枯水期通航主汊道，为航道整治工程提供了科学依据。提出了适用于长江中下游分汊段浅滩的演变模拟和预测技术。这些研究成果，发展和完善了分汊河段河床演变、洲滩变形模拟和预测、航道整治的理论和技术，对典型冲积性分汊河道的河道整治和航道治理提供了技术参考。

本书可供从事长江中下游分汊河段航道整治工作的相关人员参考使用。

图书在版编目(CIP)数据

长江中下游分汊河段通航主汊引导恢复技术与实践 / 刘万利等著. —北京：人民交通出版社股份有限公司，2019.12

ISBN 978-7-114-15771-4

Ⅰ. ①长… Ⅱ. ①刘… Ⅲ. ①长江中下游—航道整治—航道管理—研究 Ⅳ. ①U617

中国版本图书馆 CIP 数据核字(2019)第 173350 号

交通运输行业高层次人才培养项目著作书系

Chang Jiang Zhongxiayou Fencha Heduan Tonghang Zhucha Yindao Huifu Jishu yu Shijian

书　　名：长江中下游分汊河段通航主汊引导恢复技术与实践
著 作 者：刘万利　杨云平　由星莹　张明进　刘晓菲
责任编辑：丁　遥　闫吉维
责任校对：赵媛媛
责任印制：刘高彤
出版发行：人民交通出版社股份有限公司
地　　址：(100011)北京市朝阳区安定门外外馆斜街 3 号
网　　址：http://www.ccpress.com.cn
销售电话：(010)59757973
总 经 销：人民交通出版社股份有限公司发行部
经　　销：各地新华书店
印　　刷：北京虎彩文化传播有限公司
开　　本：787 × 1092　1/16
印　　张：8
字　　数：205 千
版　　次：2020 年 1 月　第 1 版
印　　次：2020 年 1 月　第 1 次印刷
书　　号：ISBN 978-7-114-15771-4
定　　价：60.00 元

(有印刷、装订质量问题的图书，由本公司负责调换)

交通运输行业高层次人才培养项目著作书系
编审委员会

主　任：杨传堂

副主任：戴东昌　周海涛　徐　光　王金付
陈瑞生（常务）

委　员：李良生　李作敏　韩　敏　王先进
石宝林　关昌余　沙爱民　吴　澎
杨万枫　张劲泉　张喜刚　郑健龙
唐伯明　蒋树屏　潘新祥　魏庆朝
孙　海

书系前言

Preface of Series

进入21世纪以来，党中央、国务院高度重视人才工作，提出人才资源是第一资源的战略思想，先后两次召开全国人才工作会议，围绕人才强国战略实施做出一系列重大决策部署。党的十八大着眼于全面建成小康社会的奋斗目标，提出要进一步深入实践人才强国战略，加快推动我国由人才大国迈向人才强国，将人才工作作为“全面提高党的建设科学化水平”八项任务之一。十八届三中全会强调指出，全面深化改革，需要有力的组织保证和人才支撑。要建立集聚人才体制机制，择天下英才而用之。这些都充分体现了党中央、国务院对人才工作的高度重视，为人才成长发展进一步营造出良好的政策和舆论环境，极大激发了人才干事创业的积极性。

国以才立，业以才兴。面对风云变幻的国际形势，综合国力竞争日趋激烈，我国在全面建成社会主义小康社会的历史进程中机遇和挑战并存，人才作为第一资源的特征和作用日益凸显。只有深入实施人才强国战略，确立国家人才竞争优势，充分发挥人才对国民经济和社会发展的重要支撑作用，才能在国际形势、国内条件深刻变化中赢得主动、赢得优势、赢得未来。

近年来，交通运输行业深入贯彻落实人才强交战略，围绕建设综合交通、智慧交通、绿色交通、平安交通的战略部署和中心任务，加大人才发展体制机制改革与政策创新力度，行业人才工作不断取得新进展，逐步形成了一支专业结构日趋合理、整体素质基本适应的人才队伍，为交通运输事业全面、协调、可持续发展提供了有力的人才保障与智力支持。

“交通青年科技英才”是交通运输行业优秀青年科技人才的代表群体，培养选拔“交通青年科技英才”是交通运输行业实施人才强交战略的“品牌工程”之一，1999年至今已培养选拔282人。他们活跃在科研、生产、教学一线，奋发有为、锐意进取，取得了突出业绩，创造了显著效益，形成了一系列较高水平的科研成果。为加大行业高层次人才培养力度，“十二五”期间，交通运输部设立人才培养专项经费，重点资助包含“交通青年科技英才”在内的高层次人才。

人民交通出版社以服务交通运输行业改革创新、促进交通科技成果推广应用、支持交通行业高端人才发展为目的，配合人才强交战略设立“交通运输行业高层次人才培养项目著作书系”（以下简称“著作书系”）。该书系面向包括“交通青年科技英才”在内的交通运输行业高层次人才，旨在为行业人才培养搭建一个学术交流、成果展示和技术积累的平台，是推动加强交通运输人才队伍建设的重要载体，在推动科技创新、技术交流、加强高层次人才培养力度等方面均将起到积极作用。凡在“交通青年科技英才培养项目”和“交通运输部新世纪十百千人才培养项目”申请中获得资助的出版项目，均可列入“著作书系”。对于虽然未列入培养项目，但同样能代表行业水平的著作，经申请、评审后，也可酌情纳入“著作书系”。

高层次人才是创新驱动的核心要素，创新驱动是推动科学发展的不懈动力。希望“著作书系”能够充分发挥服务行业、服务社会、服务国家的积极作用，助力科技创新步伐，促进行业高层次人才特别是中青年人才健康快速成长，为建设综合交通、智慧交通、绿色交通、平安交通做出不懈努力和突出贡献。

交通运输行业高层次人才培养项目
著作书系编审委员会
2014 年 3 月

作者简介

Author Introduction

刘万利，研究员，任职于交通运输部天津水运工程科学研究院。2009年毕业于武汉大学，获得水力学及河流动力学专业博士学位，2011—2013年在清华大学从事博士后研究工作。工作以来，先后获得“2015年度天津市‘131’创新型人才培养工程第一层次人选”“2015—2016年度交通运输青年科技英才”荣誉称号。主要研究方向为河流泥沙、航道整治工程技术。主持完成国家“863”项目专题、西部交通建设科技项目、长江黄金水道航道建设项目、基础理论研究课题、基本科研业务费专项资金项目、河工模型试验研究、河流水沙数值模拟技术研究等30余项研究课题，其中许多项目为国家、省部级大型航道工程研究项目。在河流动力学、河床演变学、航道整治研究、物理模型试验、数值模拟计算等方面具有坚实的理论基础，研究成果卓著，取得了许多技术突破和创新，其中多项成果达到国际领先或先进水平，为工程解决了诸多棘手的技术问题。

近年来，主持完成西部交通建设科技项目“长江长河段系统治理技术研究”，获中国航海学会科学技术奖二等奖。主持完成长江黄金水道建设项目“长江中游戴家洲河段航道整治工程研究”，并获全国优秀工程咨询成果三等奖和水运工程优秀咨询成果奖二等奖。主持完成多项基础理论研究课题，取得的研究成果丰富了航道整治学科的基本理论，并为工程建设提供了技术支撑，其中“长江中下游分汊河段通航主汊引导恢复技术与实践”“长江上游水沙变化对中游航道影响研究”成果达到国际领先水平，“长江高等级航道的建养与监测关键技术研究”成果达到国际先进水平，以上成果获航海学会科学技术奖二等奖。“河流水流泥沙运动数值模拟技术研究”“航道整治工程绿色环保整治建筑物研究”等成果达到国际先进水平，并获中国水运建设行业协会科学技术奖二等奖。主持完成中央级公益性科研院所基本科研业务费专项资金项目“内河航道船舶航行操纵平面二维数值模拟初步研究”“长江中下游典型河段崩岸特性及护岸措施研究”等，为今后长江中下游类似工程的实施提供了科学依据及重要参考。

迄今为止，独立完成编写科研报告60余篇，以独著和第一作者发表论文40余篇，其中SCI、EI索引10余篇。以第一作者编写出版专著1部。主持申请获得10余项专利和5项软件著作权。

前　　言

Foreword

长江中下游水沙丰沛,河道演变极其复杂,航道治理难度极大。关键技术难题是浅滩演变趋势难以预测,枯水期航槽选择十分困难,尤其是分汊河段,更增加了这一问题的复杂性。长江中下游水沙过程变化大,三峡水库蓄水以来,显著改变了年内径流的分配过程,具体表现为洪水流量减小,枯水流量增大,使得洪水汊道出现相应的萎缩,枯水汊道出现一定程度的发展,不利于航道条件的长期稳定。从国内外已有的航道整治经验来看,传统的做法主要是"缩窄河槽、束水攻沙",以达到提高水深的目的。长江属于大型的冲积性河流,巨大的水量使得年内主流摆动大,随机性强,河床演变规律极为复杂,分汊段洲滩调控、河槽塑造无法按照规定的航道整治参数进行整治。国外河流的航道整治主要以梯级化和渠化为主。长江中下游航道整治与防洪、生态环境等矛盾突出,不允许渠化,更不允许出现梯级化过程。在分汊河段,有些整治工程竣工初期的工程效果是较好的,随着工程运行年限的增加,分流格局和滩槽形态出现了明显变化,河槽的航道条件恶化,后续不得不实施更多的整治工程。

围绕长江中下游分汊河段航道整治面临的技术难题和难点,作者在近10年的研究和实践中,承担了一大批的重点研究项目,逐步揭示了分汊河段河床演变和碍航机理,不断提高河槽和航槽的模拟技术,取得的主要进展如下:

(1)揭示了长江中下游分汊河段主支汊易位和汊道稳定性机理。通过实测的水沙和地貌数据分析,建立了汊道易位和不同流量级的关系。基于河势单元的非线性模型理论,解释了长江中下游分汊河段汊道的稳定性。

(2)提出了分流面的概念和目标河型选取的理论方法。基于分流面的概念,明确了洲头整治工程与分流面的关系。基于河势稳定性机理的分析,对目标河型的选取进行研究,合理确定了枯水期通航主汊道,为航道整治工程提供了科学依据。

(3)提出了适用于长江中下游分汊段浅滩的演变模拟和预测技术。在改进数学模型计算模式、提高运算效率的基础上，建立了河道三维动态可视化过程，有效模拟分流面和滩槽格局的过程变化，通过多水文组合，揭示了目标河型的选取，解决了分汊河段通航主汊道选择和演变趋势预测等关键技术难题。

这些研究成果发展和完善了分汊河段河床演变、洲滩变形模拟和预测、航道整治的理论和技术，为典型冲积性分汊河道的整治和航道治理提供了技术参考。研究成果自2007年以来，相继应用于长江中下游的沙市河段、湖广至罗湖洲河段、窑监河段、戴家洲河段、东北水道、芜裕河段、江乌河段及口岸直河段等滩段，均取得良好的效果，同时在国内其他河流也有应用，如松花江、汉江、珠江、湘江等流域。

鉴于作者水平有限，如有疏漏，敬请批评指正！

作　者

2018年11月于天津滨海新区

目　　录

Contents

第1章　概　　论

1.1　研究背景

长江是我国第一大河，是我国唯一贯通东、中、西部的水路交通运输大通道，通航里程与水运量分别占全国内河的53%和80%。经过多年系统的航道治理，长江航道建设成就显著，航道维护水深得到全面提高，上游航运条件已经发生根本性改善，中游航道枯水通航紧张局面明显缓解，下游河段深水航道通过能力大幅提高，为流域经济社会发展做出了巨大贡献。长江流域经济社会发展对长江水运提出了更高的要求，加快长江等内河水运发展已上升为国家经济社会发展战略。目前，长江干流通航的"瓶颈"主要集中在中下游浅滩河段，随着长江流域经济快速发展，中下游航道维护尺度与航道通过能力需求不断增长的矛盾日益凸显。然而，作为举世闻名的大型冲积型河流，长江中下游河床演变异常复杂，航运、防洪、生态环境与水资源利用等多方面需求交织在一起，航道整治面临众多理论和技术上的难题。

长江中下游为大型冲积型平原河流，航道条件主要受沿程大量分布的浅滩水道所限制，采取整治工程治理碍航水道，是提高长江中下游干线航运通过能力的有效手段。然而，一方面长江水沙丰沛，支流众多，长江中下游水沙过程和河床边界具有其特殊性，航道整治应符合河流的自然特性，从而能够因势利导地实施整治工程，并发挥其预期效益。另一方面，长江中下游是人口密集、经济发达地区，防洪、生态环保等问题突出，航道治理必须在统筹兼顾的前提下实施，实现各目标之间的综合协调。在三峡水库蓄水后，下泄的径流量和流量过程被改变，更加剧了上述问题的复杂性。在多重因素的作用下，长江中下游的航道治理必须符合其自身特点，实现航道整治与天然河流之间的相互协调，以实现河流航运资源的可持续利用。三峡水库于2003年6月蓄水利用，2008年以来实现了175m试验性蓄水，改变了下游的水沙输移量及年内过程，习称为"新水沙条件"。流量变化主要为年内过程被改变，洪季流量减小，枯季流量增大，更细化为大流量持续时间减少，中枯水持续天数增加。由于水库拦蓄作用，宜昌站的输沙量减少已达到90%以上，近乎"清水下泄"。新的水沙条件变化更是增加了长江中下游河床演变、碍航机理的复杂性，使得航道的治理难度增加。

1.2　长江中下游航道建设的现状和趋势

1.2.1　航道建设现状

长江中下游第一个航道整治工程位于界牌河段，实施年份为1994年，其后长江中下游相继实施了多个航道整治工程，尤其是2003年三峡水库蓄水后，整治工程更是犹如雨后春笋，著名的浅水道，如长江中游沙市河段、马家咀河段、窑监河段、戴家洲河段、马当河段、东流水道、黑沙洲水道、江心洲至乌江河段等滩段均实施了航道整治工程。据统计，至2015年10月，长江中下游在建和已建航道整治工程达40余处，航道整治建筑物300余处，具体如

表1.2-1所示。

长江中下游在建和已建航道整治工程统计　　表1.2-1

河段	序号	项目名称	建设年限	建设标准(m)
宜昌至城陵矶	1	长江中游宜昌—昌门溪航道整治一期工程	2014—2017	3.5×150×1000
	2	长江中游枝江—江口河段航道整治一期工程	2009—2013	2.90×150×1000
	3	长江中游沙市河段三八滩应急守护工程	2004—2005	2.9×80×750
	4	长江中游沙市河段航道整治一期工程	2009—2012	2.9×80×750
	5	长江中游沙市腊林洲守护工程	2010—2013	3.2×150×1000
	6	长江中游瓦口子水道航道整治控导工程	2008—2011	3.2×150×1000
	7	长江中游马家咀水道航道整治一期工程	2006—2010	2.9×80×750
	8	长江中游瓦口子—马家咀河段航道整治工程	2010—2013	3.5×150×1000
	9	长江中游周天河段清淤应急工程	2001—2006	—
	10	长江中游周天河段航道整治控导工程	2006—2011	2.9×150×1000
	11	长江中游藕池口水道航道整治一期工程	2010—2013	2.9×80×750
	12	长江中游碾子湾水道清淤应急工程	2001—2006	—
	13	长江中游碾子湾航道整治工程	2002—2008	3.5×150×1000
	14	长江中游窑监河段航道整治一期工程	2009—2012	2.9×80×750
	15	长江中游窑监河段乌龟洲守护工程	2010—2013	2.9×80×750
	16	长江中游荆江河段航道整治工程昌门溪至熊家洲段工程	2013—2017	3.5×150×1000
城陵矶至武汉	17	长江中游杨林岩水道航道整治工程	2013—2016	3.7×150×1000
	18	长江中游界牌河段综合整治工程	1994—2000	3.7×80×1000
	19	长江中游界牌河段航道整治工程	2011—2013	3.7×150×1000
	20	长江中游陆溪口水道航道整治工程	2004—2011	3.7×150×1000
	21	长江中游嘉鱼—燕子窝河段航道整治工程	2006—2010	3.7×150×1000
	22	长江中游武桥水道航道整治工程	2011—2013	3.7×150×1000
武汉至安庆	23	长江中游天兴洲河段航道整治工程	2013—2016	4.5×200×1000
	24	长江中游罗湖洲水道航道整治工程	2005—2008	4.5×200×1000
	25	长江中游湖广—罗湖洲河段航道整治工程	2013—2016	4.5×100×1000
	26	长江中游戴家洲河段航道整治一期工程	2009—2012	4.5×200×1000
	27	长江中游戴家洲河段航道整治二期工程	2012—2015	4.5×200×1000
	28	长江中游戴家洲河段右缘下段守护工程	2010—2013	4.5×100×1000
	29	长江中游牯牛沙水道航道整治一期工程	2009—2012	4.5×150×1000
	30	长江中游牯牛沙水道航道整治二期工程	2013—2016	4.5×150×1000
	31	长江中游武穴水道航道整治工程	2007—2012	4.5×150×1000
	32	长江中游新洲—九江水道航道整治工程	2012—2015	4.5×200×1000
	33	长江中游张家洲南港上浅区航道整治工程	2009—2013	4.5×200×1000
	34	长江中游张家洲航道整治工程	2002—2007	4.5×120×1000

续上表

河段	序号	项 目 名 称	建设年限	建设标准(m)
武汉至安庆	35	长江下游马当沉船打捞工程	2000—2005	4.5×200×1000
	36	长江下游马当河河段航道整治一期工程	2009—2013	4.5×200×1000
	37	长江下游马当南水道航道整治工程	2011—2013	4.5×200×1000
	38	长江下游东流水道航道整治工程	2004—2008	4.5×200×1000
	39	长江下游东流水道航道整治二期工程	2012—2015	4.5×200×1000
安庆以下至长江口	40	长江下游江心洲至乌江河段航道整治一期工程	2009—2012	6.0×200×1050
	41	长江下游土桥河段一期航道整治工程	2009—2011	6.0×200×1050
	42	长江下游安庆河段航道整治工程	2010—2012	6.0×200×1050
	43	长江下游太子矶拦江矶外炸礁工程	2009—2012	4.5×180×1050
	44	长江下游黑沙洲水道航道整治二期工程	2016—2018	6.0×200×1050
	45	长江下游白茆沙河段航道整治工程	2010—2012	10.5×200×1050
	46	长江下游福姜沙水道航道治理双涧沙守护工程	2010—2012	10.5×200×1050
	47	长江下游通州沙河段航道整治工程	2010—2012	10.5×200×1050
	48	长江口北槽深水航道一期整治工程	1998—2002	8.5×200×1050
	49	长江口深水航道二期航道整治工程	2004—2006	10.5×200×1050
	50	长江口深水航道三期航道整治工程	2007—2009	12.5×200×1050

1.2.2 航道维护尺度

三峡水库蓄水以来，在河道自然冲刷的同时，长江中下游因势利导地实施了系统的航道整治工程，同时在三峡水库枯水期流量的补偿作用下，长江干线航道水深明显提高，具体如表1.2-2所示。

长江干线分段维护尺度表[水深(m)×航宽(m)×弯曲半径(m)]　　表1.2-2

河 段	2003年之前		2010年		2015年	
	航道尺度	保证率(%)	航道尺度	保证率(%)	航道尺度	保证率(%)
水富—宜宾	1.8×40×300	98	1.8×40×300	98	2.7×40×300	98
宜宾—重庆(羊角滩)	1.8×40×300	98	2.7×50×560	98	3.5×50×560	98
重庆(羊角滩)—涪陵(李家渡)	2.9×40×300	98	3.5×100×800	98	4.0×100×800	98
涪陵—忠县	2.9×40×300	98	4.5×150×1000	98		98
忠县—三峡大坝	2.9×40×300	98	4.5×140×1000	98		98
三峡大坝—宜昌	2.9×40×300	98	4.5×180×1000	98		98
宜昌(九码头)—宜昌(下临江坪)	2.9×40×300	98	4.5×80×750	98	3.8×200×1050	98
宜昌(下临江坪)—城陵矶	2.9×40×300	95	3.5×80×750	95		98
城陵矶—武汉长江大桥	3.2×80×750	98	3.5×80×750	98	3.7×200×1050	98
武汉长江大桥—安庆(皖河口)	4.0×100×1050	98	4.0×100×1050	98	4.5×200×1050	98
安庆(皖河口)—芜湖(高安圩)	4.5×100×1050	98	5.0×200×1050	98	6.0×200×1050	98

续上表

河　段	2003 年之前		2010 年		2015 年	
	航道尺度	保证率（%）	航道尺度	保证率（%）	航道尺度	保证率（%）
芜湖(高安圩)—芜湖长江大桥	4.5×100×1050	98	5.0×500×1050	98	6.0×200×1050	98
芜湖长江大桥—南京(燕子矶)	4.5×100×1050	98	7.5×500×1050	98	9.0×200×1050	98
南京(燕子矶)—江阴	10.5×200×1050	98	10.5×200×1050	98	10.5×200×1050	98
江阴—浏河口	10.5×100×1050	98	10.5×100×1050	98	12.5×200×1050	98
浏河口—长江口外	10.5×100×1050	98	10.5×100×1050	98	12.5×200×1050	98

1.2.3　航道规划尺度

根据《长江干线“十三五”航道治理建设规划》,“十三五”期长江干线航道建设的总体目标为:进一步推进长江航道系统治理,浚深上延下游深水航道,整治畅通中游航道,提高上游航道等级,使长江干线的航道尺度和技术标准进一步提升,通航瓶颈全面缓解,通过能力大幅度提高,到 2020 年全面实现《长江干线航道总体规划纲要》及《长江经济带综合立体交通走廊规划》确定的长江干线航道规划建设目标。

届时,宜昌至城陵矶段航道水深由 3.5m 提高至 4.0m,最小航宽为 100m,初步实现通航 3000 吨级货船和由 3000 吨级驳船组成的 1 万~2 万吨级船队。城陵矶至武汉段,航道水深由 3.7m 提高至 4.5m,最小航宽为 100m,初步实现通航 3000 吨级货船和由 3000 吨级驳船组成的 2 万~3 万吨级船队。武汉至安庆段,航道水深由 4.5m 提高至 6.0m,最小航宽为 100m,实现 6.0m 航道水深初步贯通,初步实现通航 5000 吨级江海船。安庆至芜湖段,在航道整治、岸线利用、水利防洪等充分协调的情况下,航道水深由 6.0m 提高至 7.0m,力争实现 7.0m×200m×1050m 航道建设标准,实现通航 5000 吨级海船和 1 万吨级江海船。芜湖至南京段,航道水深由 9.0m 提高至 10.5m,最小航宽为 200m,实现通航 1 万~3 万吨级海船。南京至浏河口段,保障南京以下 12.5m 深水航道安全、稳定运行,全面实现全天候双向通航 5 万吨级海船(表 1.2-3)。

目前武汉至安庆段正在实施 6.0m 水深的航道整治工程,荆江二期工程正在有序开展前期研究工作。

长江干线 2020 年规划尺度　　表 1.2-3

河　段	里程(km)	建设标准		
		航道尺度(m)		通航代表船舶(队)
		水深×航宽×弯曲半径	保证率(%)	
宜宾—重庆	363	3.5×60×800	98	全年通航 2000 吨级船舶
重庆—宜昌	681	3.5×150×1000 4.5×150×1050	98	通航由 2000~3000 吨级驳船组成的 6000~10000 吨级船队
宜昌—城陵矶	385	4.0×100×1050	98	初步实现通航 3000 吨级货船和由 3000 吨级驳船组成的 1 万~2 万吨级船队

续上表

河 段	里程(km)	建设标准		
		航道尺度(m)		通航代表船舶(队)
		水深×航宽×弯曲半径	保证率(%)	
城陵矶—武汉	227.5	4.5×100×1050	98	通航3000吨级货船和由3000吨级驳船组成的2万~3万吨级船队
武汉—安庆	402.5	6.0×100×1050	98	初步实现通航5000吨级江海船
安庆—芜湖	205	7.0×200×1050	98	通航5000吨级海船和1万吨级江海船
芜湖—南京	101	10.5×200×1050		通航1万~3万吨级海船
南京—浏河口	312	12.5×500×1050(其中,福姜沙北水道、中水道航道宽度为260m,口岸直鳗鱼沙左汊航道宽度为230m,畅洲左汊、右汊航道宽度为250m)	—	全天候双向通航5万吨级海船

1.3 长江中下游分汊河段航道治理面临的问题

长江中下游分布着大量的分汊河道,在分汊河道形成初期主要是江心洲的切割,或是由于水流条件的改变,形成位于江中的水下潜洲,逐渐淤高,出露水面成江心洲。在江心洲形成初期,其滩体的稳定性相对较差,主流摆动幅度较大,致使航道条件极不稳定。随着人类活动的增加,长江流域实施了大量的护岸工程,使得由岸线切割形成江心洲的过程得到有效抑制,河道平面形态基本稳定下来,未出现因切滩形成新的汊道。由于岸线的稳定,在有限的放宽率作用下,江心洲的稳定性受到一定影响,常出现滩体大幅度冲刷或切割等现象,主流在汊道间摆动空间增大,不利于航道条件及边界条件的长期稳定。

航道治理工程的主要目的是通过守护型、引导型或是调整型整治建筑物,塑造局部或整体良好的滩槽格局,达到改善航道条件的目的,并确保在一定时期内航道条件保持稳定。分汊河段的治理难度远超过顺直和弯曲河型,主要存在着主支汊频繁摆动、枯水期主通航汊道难以选取的问题,其航道整治往往需要分期实施,甚至依据河势的不断调整分成三期或是更多。具体如下所述。

1)主支汊易位频繁

在河势格局形成的初期,江心洲尚不稳定,主支汊易位的现象十分明显。近年来,由于岸线加固和洲滩守护工程的实施,主支汊易位的频率有所降低,在三峡水库蓄水后,清水下泄的作用下,在分流比相差较大的河段,支汊呈现一定的发展趋势。如弯曲分汊段的天兴洲水道,虽然分流比变化不明显,但河床地形呈现冲刷发展趋势;罗湖洲洲头低滩在系统的航道整治之后,低滩窜沟仍呈现发育的趋势;戴家洲水道直水道和圆水道在系统整治之前,分流比接近,常出现枯水期主支汊易位现象,在整治工程实施前,两汊水深均不能满足4.5m的规划要求。通过戴家洲河段直水道、圆水道多种制约要素的比较,最终选取直水道作为枯水期通航主汊道，工程实施后，直水道枯水分流比为增大趋势，且滩槽形态也由多次过渡逐渐转为一次过渡的优良滩槽格局；张家洲南水道的官洲夹水道近期的枯水分流比略有增加，加上洲头低滩冲刷，使得官洲夹水道呈现一定的冲刷发展趋势，不利于主航道的稳定；马当水道为藕节型的分汊河段，马南水道为顺直分汊，近期左槽呈现发展趋势，但受马当矶水流条件恶劣的影响不能作为枯水期主航道，因此选取右槽作为枯水期主航道；东流水道为顺直型多级分汊河段，东港、西港和莲花洲港在历史时期均作为枯水期主航道使用过，近期实施了以西港为规划航槽的航道整治工程，在上游桥梁建设、自然水沙条件的作用下，东港呈现出一定的发展趋势，并作为枯水期临时的主航道，但是东港山矶较多，水流流态不良，不利于航行安全；沙市河段也存在与戴家洲河段和东流水道同样的现象，历史时期枯水期主航道在南汊、北汊之间交替，近期南汊呈现一定的冲刷发展，同时由于南汊边滩的不断淤积，加上大桥通航孔的限制，目前枯水期主航槽选取北汊；下游江心洲河段的河道较为顺直，主流在不同汊道之间多次摆动形成了目前的多级分汊格局，其航道条件极为不稳定，主流摆动过程中多次出现岸滩切割，进一步增加了主航道边界的不稳定性。类似河段在长江中下游分布较多，在三峡水库蓄水后，中枯水持续时间增加，有利于中枯水汊道的冲刷发展，主流在汊道间的摆动空间增大。三峡水库蓄水后，高滩在及时采取守护措施后逐渐稳定，低滩的切割仍时有发生，不利于航道边界条件的稳定。在分流比接近的分汊河段，存在明显的主支汊易位现象，航道条件极不稳定，如何依据历史时期资料、河道演变发展趋势预判并合理选取通航主汊道，是航道规划和整治工程分期实施与引导技术实现的关键。

2）通航主汊道难于选择

通航主汊道的选取关乎航道整治工程的成败。如长江团风鹅头型汊道段，1860—1974年，主河道先在右汊，1934 年河道向左移动，1948 年冲开新的右汊，1957 年主河道又左移，1974 年老右汊冲开，主河道又复回右汊。戴家洲水道 20 世纪 50—80 年代右汊发展，20 世纪 80 年代以后左汊发展，2001 年来两汊分流比接近，但主航道一直在左汊，在实施了航道整治工程后主航道在右汊。沙市河段也存在主汊和支汊易位现象，主航槽在南汊和北汊之间摆动，给主航道的选取造成困难。以藕池口为例，历史上主汊在左、右汊道间曾频繁发生转换，但总体看来，左汊作为主汊的时间较右汊作为主汊的时间要长得多。20 世纪 90 年代中期左汊发展成为主汊以来，其主汊地位保持至今，而右汊在三峡水库蓄水运用后衰退明显，故从目前河势及航道维护的角度来看，左汊作为通航主汊道也比右汊要好。另外，左汊的航线距离要远比右汊近，从航槽布置合理性和经济角度考虑，通航主汊道也应确定为左汊。从目前的两槽分流情况来看，左槽的分流大于右槽；从航道条件及航道维护的角度来看，目前左槽的航道条件要远远优于右槽；从近 5 年来航道维护情况来看，航道布置也一直位于左槽。综合考虑这些因素，选取左航槽为主航槽。一直以来，通航主汊道的选取关系到航道整治工程效果能否长期发挥，合理确定通航主汊道是航道治理的关键。

3）治理难度大，需分期实施

分汊河段均存在大量边滩，凸岸边滩和凹岸边滩表现出此消彼长的关系，这一变化直接关系汊道的分流比变化情况。如沙市河段，当腊林洲边滩高大完整且三八滩变化不大时，主航道在北汊；当腊林洲边滩处于冲刷时，南汊的分流比相应增加，三八滩的淤涨或侵蚀后退直接影响航道空间，进一步影响两汊的分流格局。加上整体河势格局的复杂性，使得本河段的治理采取了工程分期实施,在动态效果评价的基础上,确定工程分期实施顺序和治理时机。戴家洲河段存在巴河边滩、戴家洲和池湖港心滩,戴家洲水道为分汊段,左汊为圆水道,右汊为直水道,如何选取主汊道关系到航道的长期稳定。池湖港心滩、巴河边滩和戴家洲的冲淤直接关系到直水道和圆水道分流比的变化及两汊变化。模型试验结果表明,直水道在治理工程和天然水沙条件下能塑造出一次过渡良好的滩槽格局,因此选取直水道作为通航主汊道。类似的河段,长江中下游较多,在治理工程实施前,需在河演分析的基础上,结合模型试验与模拟计算的无工程趋势预测成果,合理确定枯水期通航主汊道。针对碍航问题进行工程区的选取,合理确定工程布局,依据综合治理、分期实施的思路确定航道治理工程的治理时机,并进行动态调整。

综上,分汊河段演变和航道治理远较其他河型的河段复杂,需解决的关键技术问题包括河床演变机理、主航槽选取、目标河型选取与塑造、工程布局、分期治理思路及原则、模拟技术等关键理论与技术问题。

1.4 分汊河段研究现状

1.4.1 分汊河段河床演变研究进展

分汊河段在世界各国冲积平原河流中是一种常见的河型[1]。例如密西西比河、尼日尔河、伏尔加河、多瑙河、莱茵河以及我国的松花江、珠江、长江等,以长江中下游尤为明显。长江中下游宜昌至河口段共有分汊河段55个,其中宜昌至城陵矶段有11个,城陵矶至河口段有44个,分汊河段的汊道总长约1080km,约占全部河长的57%。该长河段内汊道按平面形态特点可分为顺直型、微弯型和鹅头型3种[2]。宜昌至城陵矶河段多为顺直型和微弯型汊道,仅下荆江的监利乌龟洲汊道属鹅头形汊道。城陵矶至河口段有顺直型分汊段16段,微弯型分汊段18段,鹅头型分汊段10段。

分汊河段主流摆动频繁,碍航现象突出,其基本演变特征表现为主支汊周期性兴衰交替,但演变周期差异较大,有的汊道演变周期较短(15~20年),而有的汊道演变周期较长(100年以上)[3]。这主要与分汊河段上游有无节点控制及上游顺直段的河势是否稳定有密切关系。伴随着分汊河段主支汊易位,航道也随之调整,从而对航线布局及岸线利用等产生较大影响,对沿江经济发展有重大影响。因此,研究分汊河段的整治技术是非常必要的。

关于汊道的整治,目前国内外采取的措施主要为两大类:一类是固定汊道,稳定或调整各汊道的分流比;另一类是塞支强干。其目的均是为了满足航运的要求。各国因国情不同,采取的整治措施和手段也有差别。西方一些国家以发展航运为主,采取的措施主要是为了增加航道水深,例如堵塞支汊,或用大量的丁坝群将水流调整至主通航汊道。我国河流因防洪的要求,多采取稳定汊道的整治措施[4]。对长江中下游这样的大型平原河流的治理,特别是在大型水利枢纽下游的碍航严重的弯曲分汊浅滩的演变规律和整治措施研究目前刚刚开始,尚未有成熟的经验。

1.4.2 分汊河段治理思路研究进展

(1)关于长江中下游浅滩的治理理论,浅滩整治多是由于浅滩碍航而开展,传统的航道整治理论也是依据浅滩碍航而形成的[5-6]。由于长江中游的浅滩存在"好-坏"转换现象(即一段时间内某甲滩航道条件较好,但在下一个时段该甲滩又变坏),同时,由于长江航道整治工程实施的外部环境复杂,治"好"是目前已经开展滩段航道整治的一种有效甚至是优先的选择,这就一定程度偏离了目前的航道整治理论,或者说,现有的航道整治理论并不能完全适用。

同时,对于"治坏"也存在很大差别。对于碍航浅滩整治,一般必须采取"束水攻沙"工程,由于外部条件的限制,工程多分期实施,如何分期?一期工程的目标如何定位?一期工程采取何种布局能够为下期工程实施创造有利的条件?这些关键问题在传统航道整治理论中涉及较少。

(2)针对长江流域的分汊河段引导恢复技术,国内学者进行了相关研究。陈晓云[7]通过长期观测分析,辨析河床演变规律,揭示碍航浅区成因,对疏浚、全面控制洲滩形态、控制洲滩关键边界等不同治理对策进行深入研究,形成"稳定航道主边界、增强浅区落潮动力"的治理认识。马当河段的航道治理思路[8]为稳定马当南水道的滩槽格局,遏制棉外洲中上部冲刷后退的不利变化,塑造良好的瓜子号洲体形态,稳定马阻水道进口主流,加强东流直水道过渡段浅区的冲刷,改善其航道条件。黄伟[9]等针对藕池口水道各滩体演变特性及其对航道的影响,提出总体工程的具体治理思路为:对陀阳树边滩及对岸天星洲洲尾高滩滩缘进行守护,保持滩体完整,控制水道进口段的航道边界条件,稳定水道进口段主流流路。由于藕池口水道将在一个较长时期内维持以左汊为主汊的分汊格局,藕池口心滩左缘作为该水道主航道的右边界必须稳定下来,防止河道进一步展宽,并待倒口窑心滩与藕池口心滩连成一体时,及时对新形成滩体的关键部位进行守护,保持该滩体的完整稳定。同时对相关岸线进行适当守护,形成稳定的航道边界,将左汊整治成枯水期曲度相对合理、进出口平顺并相对稳定的航道。通过以上工程措施,形成并稳定良好的滩槽格局,消除航道向不利方向转化的因素。提高浅区退水冲刷力度,改善航道条件,根治本水道的碍航问题,并实现规划的航道尺度。刘怀汉[10]等对枝江至江口河段的整治思路为"上下兼顾,系统整治,稳定河势,提高航道尺度,分步实施"。杨林岩河段的治理思路为:守护南阳洲洲头,稳定工程河段局部河势,保持当前的滩槽格局;守护南阳洲右缘和右岸边滩,控制右汊两岸边界,防止右汊向宽浅方向发展,保持目前尚好的航道条件。

对于长江中下游分汊河段,国内学者针对其碍航问题和航道紧迫需要解决的问题,形成了该河段与之适应的治理思路,并初步明确了通航主汊道的选取,同时阐述了分汊河段航道治理的基本思路和技术措施。但这些研究缺乏系统的理论与技术总结,本书研究的主要出发点是形成分汊河段系统的通航主汊引导恢复技术,解决分汊河段难于治理的技术难题。

1.4.3 模拟技术研究进展

1)可视化技术发展

以流场可视化为例,最初采用欧拉法表达二维流场,这比起仅依赖表格数据对比而认识流场的方式有很大进步。20世纪90年代,随着计算机图形学的发展,二维计算机动画制作技术被应用于流场可视化领域,基于拉格朗日法的流场显示方式更符合人们对流场的认识习惯。二维可视化技术的发展,是从对二维流场的动画仿真开始的。采用"GDI+"(GDI含义为图形设备接口)图形技术可以实现二维图像制作,完成二维可视化的技术实现。

随着技术进步,利用最先进的图形处理技术,二维可视化技术水平不断提高,内容不断丰富,可以用来解决水运工程领域数值模拟领域中几乎所有的二维可视化问题。

20世纪末,开始发展一种基于纹理的二维矢量场可视化技术,它以纹理图像方式显示流场,是一种全局的可视化方式,可以描述流场细节[11]。纹理法主要包括点噪声法(Spot Noise)、线积分卷积法(Line Integral Convolution, LIC)和一些扩展技术、基于图像的流场可视化法(Image Based Flow Visualization, IBFV)。点噪声法是由Van Wijk于1991年提出的[12],该方法先定义一些点噪声纹理,然后每个噪声点随着流场中的粒子向前移动,在流场中留下自己的轨迹。Cabral等提出了LIC法[13],该方法用一个一维的卷积核沿流线方向对噪声纹理进行卷积,从而生成一个可以表达矢量场的静态图像。由于LIC生成每帧图像时需要对各个像素点进行卷积运算得到像素值,所以其执行效率低,因此后来许多学者对该方法进行了改进[14-17],提出了固定床气化模拟软件(Fast LIC)方法、线性卷积分(Oriented LIC)方法、非定常流动(Unsteady Flows LIC)方法、非线性卷积分(Dynamic LIC)方法等。LIC及其扩展法具有可生成高质量的可视化结果的优点,因而得到了广泛的应用。IBVF方法执行效率高,在普通计算机上能到很高的帧速率,但其成像对比度较低,特征体现不明显,所以应用受到限制。

航道整治工程的模型趋势预测主要基于平面二维数学模型来实现,但针对分汊河段,不同流量下洲头流态有所差异,进而影响汊道分流比的变化,因此,需对洲头分流面区域以及工程部位的水流流态及地貌变化进行精细模拟,需要通过三维数学模型加以实现。本研究建立了国际上较为先进的三维水沙数学模型,并结合可视化,研究了分汊河段洲头区域、分汊段低滩及工程区域的流态和微地貌的变化等。

2)并行计算技术在计算流体力学(Computational Fluid Dynamics,CFD)应用中的研究现状

目前,CFD在模拟流场的计算规模越来越大,用单机进行串行程序的计算已经无法承受大的计算规模了,国内外争相开始在CFD领域进行并行化的研究工作。美国的FLUENT软件已实现并行计算;水运工程行业应用广泛的丹麦水工所研发的MIKE系列软件、荷兰Delft大学研发的Delft3D软件目前也在进行并行程序的开发,尚处在起步阶段;国内的北京航空航天大学国家计算流体力学实验室、清华大学工程力学系等在2000年对*N-S*方程隐式分区并行计算进行了研究;中国科学院力学研究所也对Euler方程的分区并行化技术进行了研究;西北工业大学计算机科学与工程系对面向CFD的交互式并行化技术进行了研究,介绍了CFD程序并行化的区域计算模型及区域相关的概念,即区域计算模型中程序是区域操作的有序组合,区域相关则是区域操作之间的相关性。

无论是双核、四核还是更多的核心,要充分发挥处理器的优势,就必须在并行计算上面有所突破,现在高校中已经有越来越多的人开始学习并行计算专业,开始了解并行思想,学习使用并行程序和语言,将来并行思想将会逐步渗透到应用软件开发中去。因为缺乏相关的行业配套应用软件,到目前为止,还没有一个专门进行并行应用软件和算法研发的国家级专业研发机构。研发力量分散在众多单位及高校,各自为战,不能形成合力,严重阻碍了行业大型应用软件的开发。

航道治理工程的计算由于河道较长,计算所花时间也较多,现有的单体计算机运算CPU(中央处理器)容量受到限制,尤其是过程之中发现计算参数问题,需要重新调试或修改,浪费大量的时间。本研究采用国际上较为先进的并行计算理论,对模型进行改进,计算效率大

幅度提高,并取得良好的应用效果。

1.5 本书编写思路及主要内容

1.5.1 编写思路

以长江中下游分汊河段为对象,解决大型冲积河流航道整治中的系列技术难题,提出一套自主创新、适用于长江中下游分汊河段河道特点的航道整治理论方法和关键技术。长江中下游分汊河段主、支汊易位现象十分明显,三峡水库蓄水后,这一变化仍在延续。为了使长江中下游分汊河段航道整治工程充分发挥作用,并适应三峡水库蓄水后新的水沙条件,本书内容以原观分析、理论分析和数值模拟为手段,以长江中下游分汊河段为对象,从河道演变机理、主支汊交替模式、汊道稳定性机理、分流面等规律的研究出发,充分考虑洲头分流面、通航主汊道选取、航道整治目标河型、治理时机选择和系统治理思路等角度,提出分汊河段航道治理的引导恢复技术。

本书研究内容涵盖理论研究、技术研究和工程实践 3 个层面。

1)理论研究

类似于长江中下游冲积型河流,分汊河段的进口主流摆动频繁,主支汊易位现象时有发生,洲头低滩区域水流在洪、中、枯三级流量下存在横向水流,水流的变化过程形成分流特征面,在塑造洲滩形态的基础上,对汊道的水沙分配过程产生影响。在整治过程中分汊河段势必面临着枯水期主通航汊道的选择,在分流比接近的汊道这一问题尤为突出,合理地对汊道的发展趋势进行预判,是河道治理的关键。针对分汊河段航道整治通航主汊道的合理选取、分汊河段的治理原则等问题,形成如下的新认识和新方案:

(1)长江中下游存在大量分汊河段,洪、中、枯水流量主流位置不一致,在洲头形成横向水流,形成的分流面是造成洲头滩体冲刷的关键因素,促使汊道随流量不同而出现主流摆动,进一步明确了主支汊易位的动力学机理。

(2)针对分汊河段的汊道稳定性,建立弯曲分汊河势单元演化的非线性理论模型。结合河道形态参数、水动力参数、泥沙特征参数等,对汊道进行稳定性分析,科学评价整治工程实施前后的汊道稳定性,为航道整治通航主汊道和目标河型的选取提供理论支撑。

2)技术研究

对航槽冲淤过程进行模拟和控制,是航道整治规划设计的核心环节。要将河道和滩体演变的新理论和方案用于工程实践中,需要解决冲淤过程的模拟、计算过程的可视化问题,系统提高航道治理的智能化水平。

(1)在分汊河段河势稳定性机理基础上,对分汊河段通航主汊道选取、目标河型进行研究,提出引导性工程布局。结合整治时机、分期引导原则等,形成系统治理思路,建立长江中下游复杂分汊通航主汊道引导和恢复技术体系。

(2)水沙模拟技术的改进。根据工程应用情况对 TK-2DC 软件功能进行完善和改进,主要包括并行计算功能、多分汊河段计算模块的改进、感潮河段边界条件的给定,开发基于三维地形、现场视景下的拉格朗日流场仿真程序,提高数据可视化水平。

3)工程实践

应用于长江中下游航道整治,解决航道整治和维护中的难题,针对沙市河段、湖广至罗湖洲河段、戴家洲河段、东北水道、江乌河段及口岸直河段等滩段,充分解决了分汊河道难于治理的技术难题。

通过多个层面的研究,构建了一套适合于大江大河分汊河段航道整治理论和技术,形成了分汊河段演变机理、主汊道选取原则、航道治理原则,改进模拟手段,并推广应用于国内的江河治理之中,一定程度提升了长江黄金水道的通过能力,为长江经济带建设提供了保障,促进了我国大型冲积河流航道整治技术水平的进步。

1.5.2 主要内容

第1章:绪论。重点介绍研究背景、问题的提出、国内外研究现状及本书的编写思路。

第2章:长江中下游河道水沙输移规律研究。系统分析了长江中下游径流量、输沙量的变化特点及过程,阐明了悬沙沿程恢复和床沙补偿过程及作用机制,明确了支流、湖泊分汇作用对干流悬沙输移的影响。

第3章:长江中下游分汊河段河床演变特点及汊道稳定性研究。在长江中下游河道冲淤规律研究基础上,明确了分汊河段上下游稳定性的作用机理,并结合河流非线性动力学原理,建立了长河段联动汊道稳定性评价指标方法。

第4章:长江中下游分汊段引导恢复技术的构建。综合考虑多种约束条件,提出了通航主汊道选取原则;基于洲头分流面原理,提出了洲头整治工程平面布局;结合历史及近期河道演变渐进过程,提出了航道整治目标河型、整治时机及工程区位置选择等,结合数学模型、物理模型相关研究,提出了长江中下游分汊段引导恢复技术。

第5章:分汊河段通航主汊引导恢复技术应用与工程实践。依据提出的长江中下游分汊段引导恢复技术,以长江中下游典型分汊河段为实例,阐述技术的工程化应用及航道治理初步效果。

参考文献

[1] 钱宁,张仁,周志德.河床演变学[M].北京:科学出版社,1989.

[2] E B 勃利兹尼亚克.河床演变[M].北京:科学出版社,1965.

[3] 李义天,唐金武,朱玲玲,等.长江中下游河道演变与航道整治[M].北京:科学出版社,2012.

[4] 潘庆燊,胡向阳.长江中下游分汊河段的整治[J].长江科学院院报,2005,22(3):13-16.

[5] 方宗岱.河型分析及其河道整治上的应用[J].水利学报,1964(1):1-11.

[6] 钱宁,张仁,周志德,等.河床演变学[M].北京:科学出版社,1987.

[7] 陈晓云,高凯春.长江中游界牌河段过渡段控制工程数值分析研究[J].泥沙研究,2001(3):30-34.

[8] 刘林,黄成涛,张明.长江下游马当河段航道治理及方案[J].水运工程,2010(11):80-85.

[9] 黄伟,朱文清.长江中游藕池口水道洲滩演变特点与治理思路研究[J].中国水运,2015(2):58-59.

[10] 刘怀汉,黄召彪,高凯春.长江中游荆江河段航道整治关键技术[M].北京:人民交通出

版社股份有限公司,2015.

[11] 吴晓莉,贺汉根.基于粒子纹理融合的流场可视化方法[J].计算机应用,2007,27(8):2011-2013.

[12] Van Wijk J J. Spot noise:Texture synthesis for data visualization[C]//Computer Graphics Proceedings, Annual Conference Series, ACM SIGGRAPH, Las Vegas, Nevada, 1991: 309-318.

[13] Cabral B, Leedom C. Imaging vector fields using line integral convolution[C]//Computer Graphics Proceedings, Annual Conference Series, ACM SIGGRAPH, Anaheim, California, 1993:263-270.

[14] Stalling D, Hege H C. Fast and resolution independent line integral convolution[C]//Computer Graphics Proceedings, Annual Conference Series, ACM SIGGRAPH, Los Angeles, California, 1995:249-256.

[15] Wegenkittl R, Gröller E. Fast oriented line integral convolution for vector field visualization via the Intemet[C]//Proceedings of IEEE Visualization, Phoenix, Arizona, 1997:309-316.

[16] Shen H K, Kao D L. Uflic: A line integral convolution algorithm for visualizing unsteady flows[C]//Proceedings of IEEE Visualization, Phoenix, Arizona, 1997:317-322.

[17] Sundquist A. Dynamic line integral convolution for visualizing streamline evolution[C]//IEEE Transactions on Visualization and Computer Graphics, 2003, 9(3):273-282.

第2章　长江中下游河道水沙输移规律研究

2.1　三峡水库蓄水前后中下游水沙量变化特点

2.1.1　径流量变化(图2.1-1)

三峡水库蓄水后,各蓄水阶段坝下游干流水量均低于1987—2002年均值,是受全流域气候变化、水库修建、用水量及水土保持等综合作用所致[1-2],主要是气候变化[1,3];空间上受洞庭湖三口分流作用,宜昌至监利河段为减小趋势,洞庭湖入汇、汉江及鄱阳湖入汇长江使得监利站以下水量为增加趋势;洞庭湖三口分流量和分流比为减少趋势,主要是三峡水库蓄水后坝下游干线河床冲刷,同流量水位下降[4],三口洪道河床由淤积转为冲刷[5],两者水位差调整使得三口分流能力减弱;洞庭湖入江水量和占螺山站比例为先减小后增大趋势,三口和四水入湖水量和输沙量减少,但东洞庭湖淤积幅度大[6],使得东洞庭湖区水位与长江干线水位降幅基本一致[7],湖区水面比降未发生明显调整,综合作用使得三峡水库蓄水后城陵矶入江水量有所增加;汉江水量和占汉口站比例先增大后减小;鄱阳湖入江水量和占大通站比例先减小后增大,主要是三峡水库蓄水后五河入湖水量增加,输沙量减少使得湖区处于冲刷态势,同期鄱阳湖入江水道水面比降未发生明显调整,即鄱阳湖入江水量与湖区五河来水量多寡相一致,表现为增加趋势。

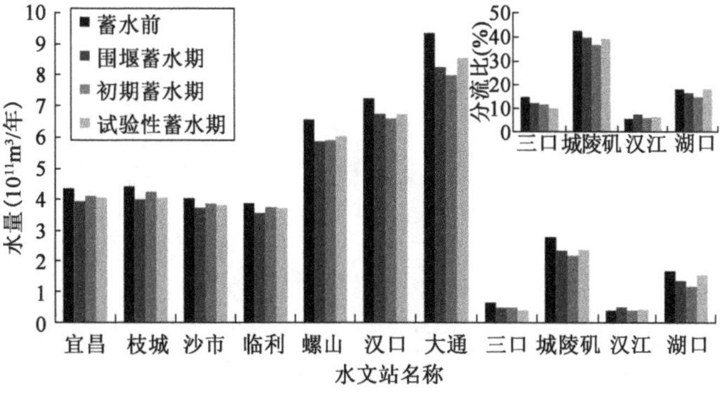

图2.1-1　坝下游径流量随时间和空间变化

2.1.2　输沙量变化(图2.1-2)

三峡水库蓄水前枝城站高于宜昌站,监利站低于枝城站,监利站以下河段变化不大;三峡水库蓄水后沿程上输沙量增大,表明输沙量得到一定恢复,但各时期恢复量逐渐减小,整体上小于蓄水前多年均值;坝下游输沙量减小主要受三峡水库、水量、水土保持、湖泊及支流等影响,已有研究认为,2003—2012年,由于三峡水库蓄水作用使得输沙量减少量占大通站输沙量减少量的65%;洞庭湖三口分沙量为减少趋势,主要是分流量减少的同时干线含沙量降低所致,分沙比为增加趋势,表明宜昌至三口分流口门之间沙量得到一定补给,城陵矶沙量先减小后增大,占螺山站比例为增加;汉江沙量和占汉口站比例为先增大后减小;鄱阳湖沙量和占大通站比例为先增大后减小。

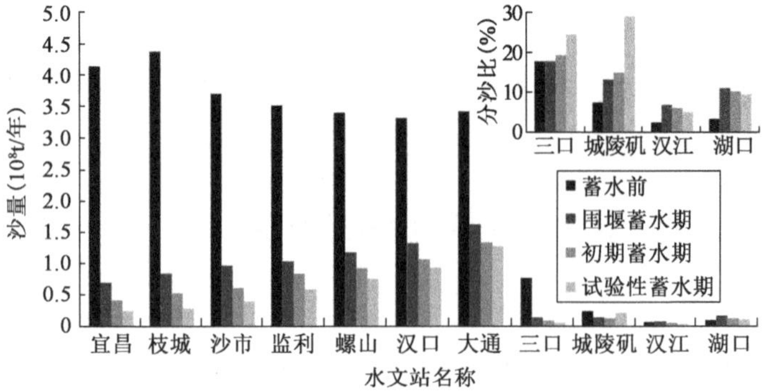

图 2.1-2　坝下游输沙量随时间和空间变化

2.2　三峡水库蓄水前后水沙过程变化特点

三峡水库蓄水后的 2003—2014 年较蓄水前 1987—2002 年期间,汉口站流量过程变化表现为:流量上,7—11 月减小,1—3 月增加,4—6 月和 12 月变化不大(图 2.2-1);分配比例上,7 月、10 月和 11 月减小,1—3 月增加,其余月份变化不大。

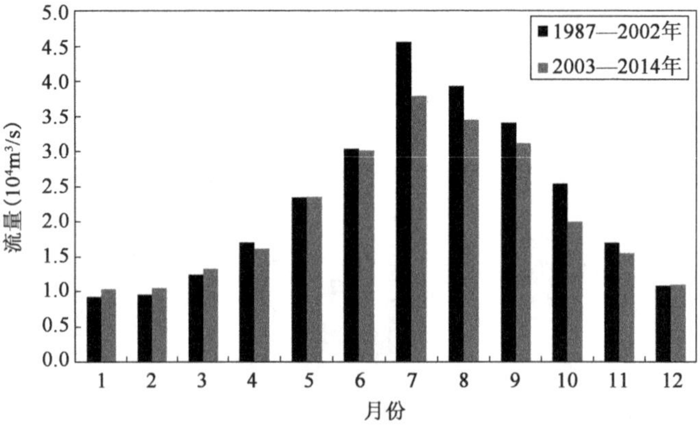

图 2.2-1　汉口站流量过程变化图

汉口站月均最小流量表现为增加趋势,最大流量在 1980—2000 年期间较大,表明这时期的洪峰流量较大,2003 年以来略有减小,但变化幅度较小(图 2.2-2、图 2.2-3)。

三峡水库蓄水后的 2003—2014 年较蓄水前 1987—2002 年期间,大通站流量过程变化表现为:4—11 月均为减小趋势,1—3 月增加,12 月变化不大(图 2.2-4);年内月均分配百分比上,7—11 月减小,12 月至次年 3 月增加,其余月份变化不大。

20 世纪 80 年代中后期至今,大通站月均最小流量呈现缓慢增加趋势,月均最大流量在 20 世纪 90 年代期间呈现一定增加趋势,2003 年以来整体处于较低水平(图 2.2-5、图 2.2-6)。

汉口站月均输沙率 2003—2014 年期间较 1987—2002 年期间为减小趋势,洪季减小最大(图 2.2-7);分配比例上,6 月、7 月、10 月和 11 月减小,1—3 月、8 月、9 月为增加趋势,其余月份变化不大(图 2.2-8)。

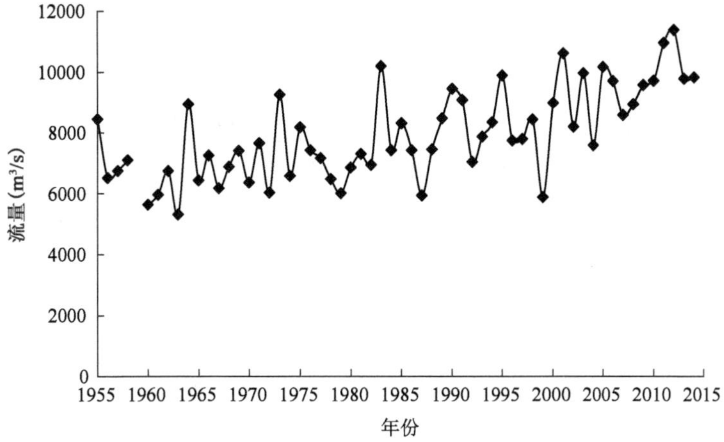

图2.2-2　汉口站月均最小流量变化图

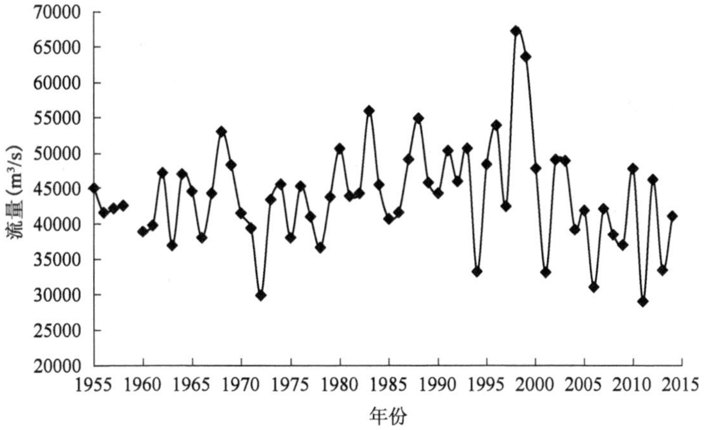

图2.2-3　汉口站月均最大流量变化图

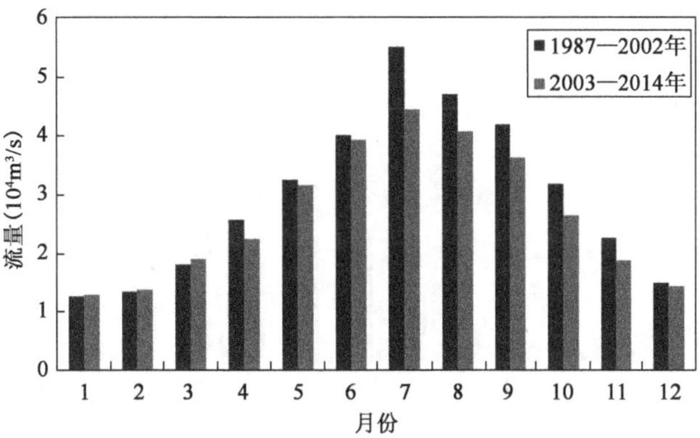

图2.2-4　大通站流量过程变化图

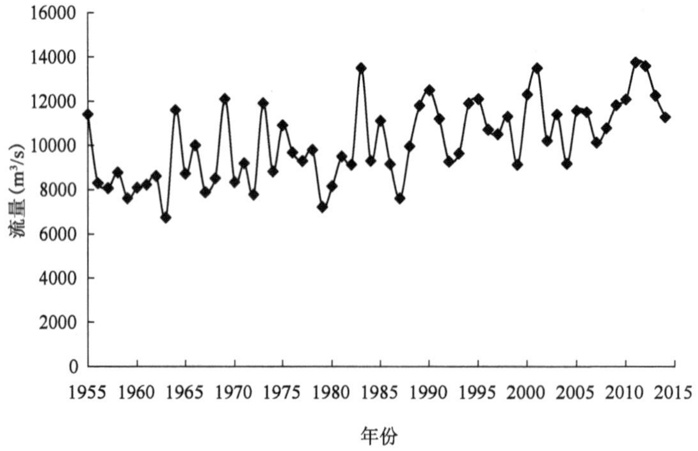

图 2.2-5　大通站月均最小流量变化图

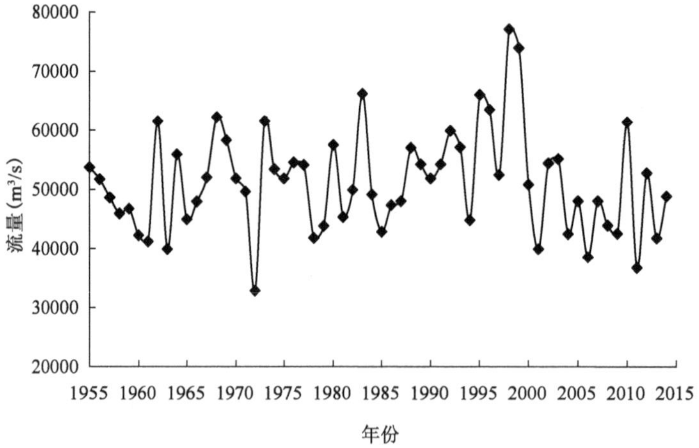

图 2.2-6　大通站月均最大流量变化图

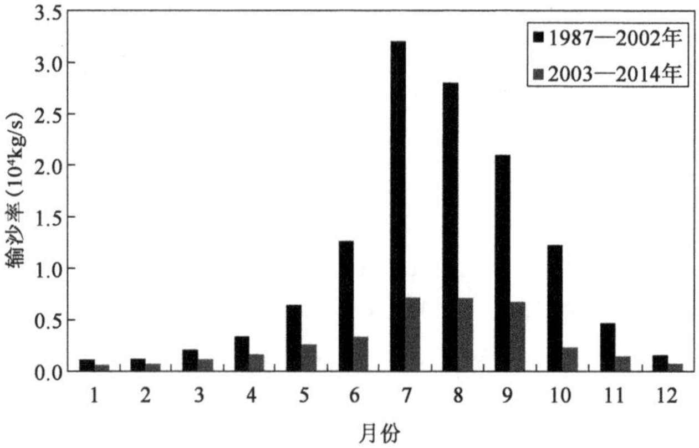

图 2.2-7　汉口站月均输沙率过程图

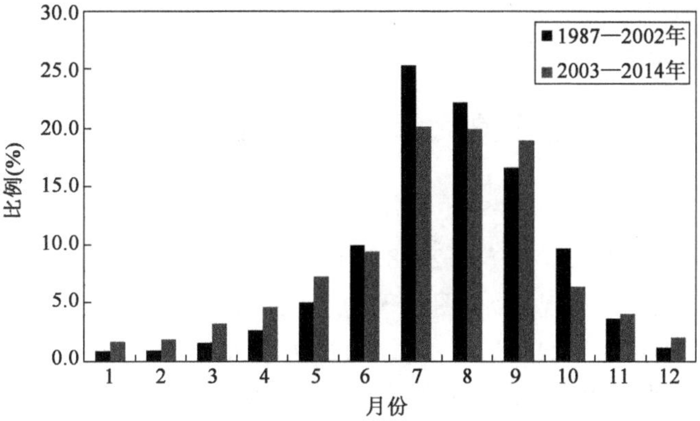

图2.2-8　汉口站月均输沙率分配比例图

大通站月均输沙率2003—2014年期间较1987—2002年期间为减小趋势，洪季减小最大(图2.2-9)；分配比例上，7—11月减小，12月至次年6月为增加趋势(图2.2-10)。

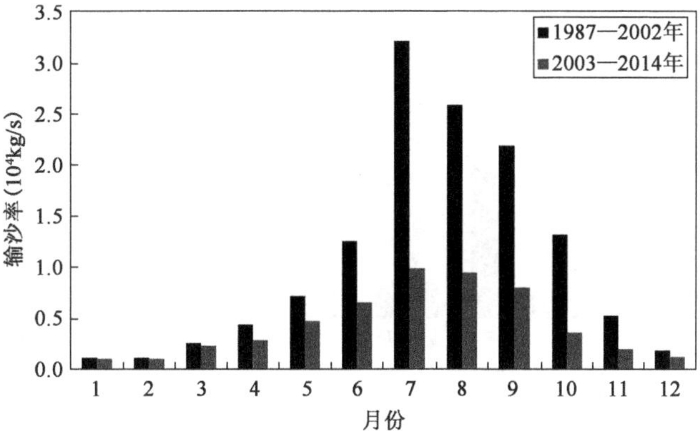

图2.2-9　大通站月均输沙率过程图

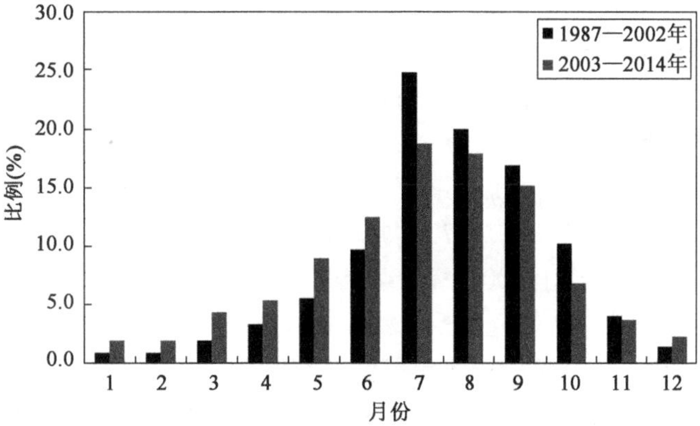

图2.2-10　大通站月均输沙率分配比例图

从百分比来看，蓄水前汉口站和大通站汛期水量占全年百分比为73.2%和70.5%，蓄水后为70.51%和68.24%,蓄水前汉口站和大通站汛期输沙率百分比比例为87.8%和87.6%,蓄水后为85.2%和80.5%,水量和输沙率均集中于汛期,但输沙量较水量更集中于汛期。

2.3 长江中下游悬沙恢复及床沙补偿过程研究

2.3.1 三峡水库坝下游悬沙中值粒径变化

1987—2002年、2003—2007年和2008—2014年期间三峡水库坝下游干流、支流和湖泊水文控制站的中值粒径变化规律为(图2.3-1):宜昌站先减小后增大,枝城站为略有减小趋势,沙市、监利和螺山站为先增大后减小,汉口站为增大趋势,大通站略有增大;洞庭湖三口先减小后增大,城陵矶站为增大趋势;汉江皇庄站先增大后减少,其数值远大于螺山站和汉口站,由于汉江水量和输沙量占汉口站比例较小,同时皇庄站至入江口门段悬沙组成不断调整,粗颗粒泥沙淤积,细颗粒泥沙冲刷[8],因其输沙量较小,对长江干流悬沙颗粒的影响较小;湖口站悬沙中值粒径小于0.006mm,$d>0.125$mm沙量悬沙比例为1.23%,即鄱阳湖入江悬沙颗粒较细,基本不参与造床过程,随水流下泄至大通站,使得大通站悬沙中值粒径略低于汉口站。

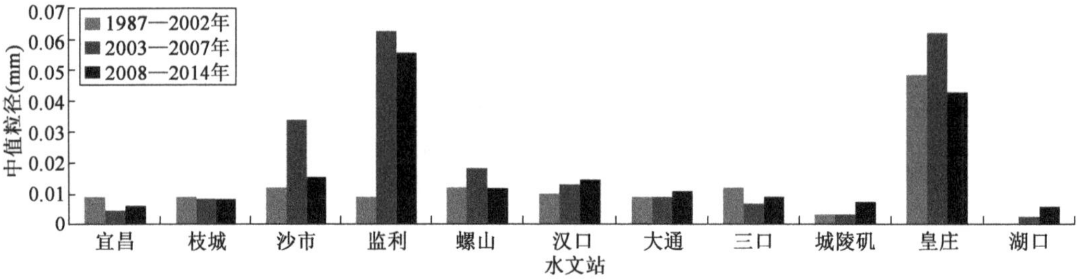

图2.3-1 三峡水库坝下游悬沙中值粒径变化

2.3.2 三峡水库坝下游分组悬沙恢复过程

图2.3-2a)分析表明:三峡水库蓄水2003—2014年期间$d>0.125$mm悬沙输沙量整体上低于1987—2002年均值;与1987—2002年期间相比较,2003—2007年期间宜昌站至沙市站$d>0.125$mm悬沙输沙量大幅减少,监利站变化不大,螺山站和汉口站甚至出现了高于蓄水前的情况,表明$d>0.125$mm悬沙在监利站至汉口站之间已恢复完全,大通站为减少趋势;与2003—2007年期间相比较,2008—2014年期间$d>0.125$mm悬沙输沙量宜昌站至汉口站为减少趋势,大通站略有增加;分析2008—2014年和2003—2007年期间水量和$d>0.125$mm悬沙输沙量关系,2003—2007年期间水量低于2008—2014年期间,但$d>0.125$mm悬沙输沙量(除大通站)均高于2008—2014年期间,这表明总水量变化不是$d>0.125$mm悬沙输沙量增减的主控因素。

图2.3-2b)分析表明:1987—2002年期间$d<0.125$mm悬沙输沙量较大,沿程为先增加后减少,监利站以下输沙量差异较小;2003—2007年和2008—2014年期间$d<0.125$mm悬沙输沙量沿程均为增加趋势,量值上2008—2014年低于2003—2007年期间。整体上,2003—2007年和2008—2014年$d<0.125$mm输沙量值均低于1987—2002年均值,这一现象与世界其他河流筑坝后下游输沙量小于蓄水前多年均值的规律相符[9-10]。

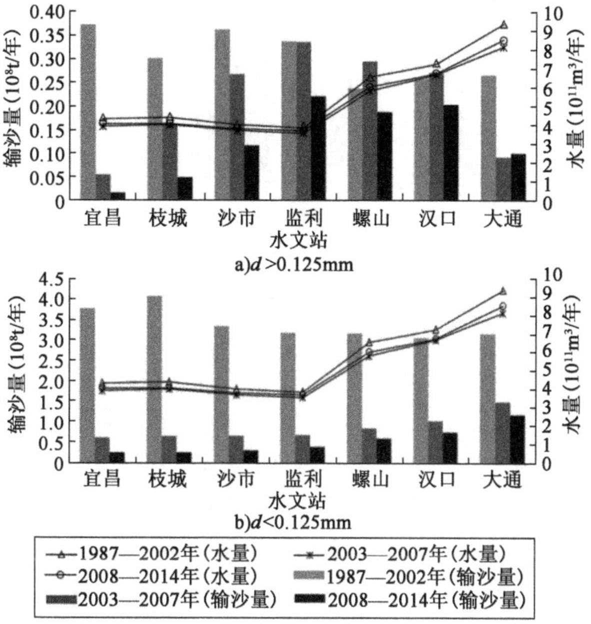

图2.3-2 三峡水库坝下游 $d>0.125$mm 和 $d<0.125$mm 悬沙输移过程

2.3.3 三峡水库坝下游不同组分输沙量与流量过程关系

整理坝下游各水文站在1987—2002年、2003—2007年和2008—2014年月均流量和输沙量关系(图2.3-3),各水文站枯水期输沙量略有减少,随着流量增加,输沙量增加,但时间上仍为减少趋势。同时2008—2014年期间总水量高于2003—2007年,而 $d>0.125$mm 和 $d<0.125$mm的悬沙输沙量均呈减小趋势,两者是矛盾的。因此,在三峡水库蓄水后,由于坝下游流量年内过程被调节,需充分考虑流量过程变化对输沙量的影响。

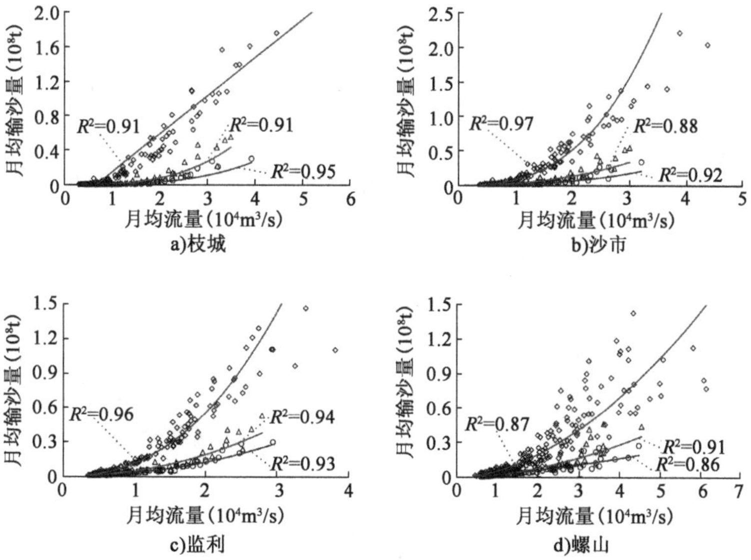

图 2.3-3

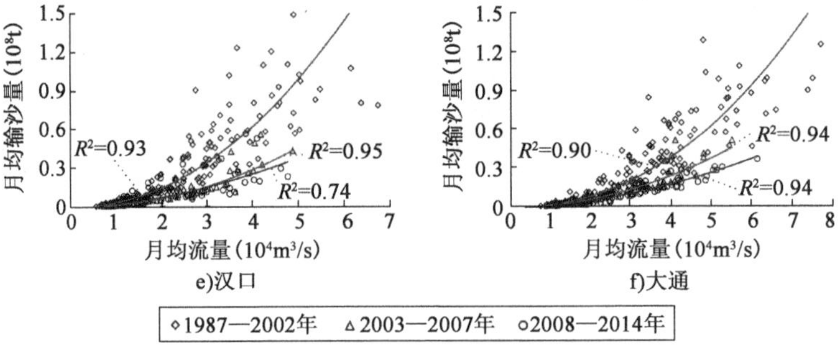

图 2.3-3 三峡水库坝下游水文站月均输沙量与流量相关关系

图 2.3-4a)为三峡水库坝下游干流各水文站 $d>0.125$mm 月均流量与输沙量关系图,以幂函数曲线拟合输沙量和流量关系,分析表明:枝城至监利河段 $d>0.125$mm 输沙量随流量增加逐渐恢复,且沿程上为增加趋势,且流量越大,恢复程度越高。监利至汉口河段受洞庭湖入汇影响,由于城陵矶站 $d>0.125$mm 输沙量很少,2003—2009 年期间该粒径组泥沙输移量为 25 万 t,其含沙量近乎零。因此,在相同月均流量下,螺山站 $d>0.125$mm 输沙量低于监利站,汉口站 $d>0.125$mm 输沙量与流量关系与螺山站保持一致。汉口至大通河段,鄱阳湖入汇长江的泥沙主要为细颗粒部分,2009—2014 年期间湖口站 $d>0.125$mm 悬沙总输沙量为 94.46 万 t(年均 15.74 万 t),占大通站总输沙量比例几乎为零,由于鄱阳湖入汇长江使得大通站水量增加,该组分泥沙淤积,综合作用使得相同月均流量下大通站输沙量小于汉口站。图 2.3-4b)为坝下游水文站 $d<0.125$mm 输沙量与月均流量关系。分析表明:在相同流量下,枝城至监利河段该粒径组输沙量沿程上为增加趋势,说明该粒径组输沙量在各级流量下均有明显恢复;从各站点不同流量来看,随着流量增大,$d<0.125$mm 输沙量为增加趋势;监利至汉口河段,受洞庭湖汇流的影响,螺山站 $d<0.125$mm 输沙量明显低于监利站;受汉江入汇影响,汉口站 $d<0.125$mm 输沙量绝大多数数据点位于螺山站下方;汉口至大通河段,受鄱阳湖汇流影响,入汇泥沙主要为 $d<0.125$mm 的细颗粒,湖口站含沙量低于汉口站,在河床补给和湖泊入汇等作用下,大通站 $d<0.125$mm 输沙量高于汉口站。

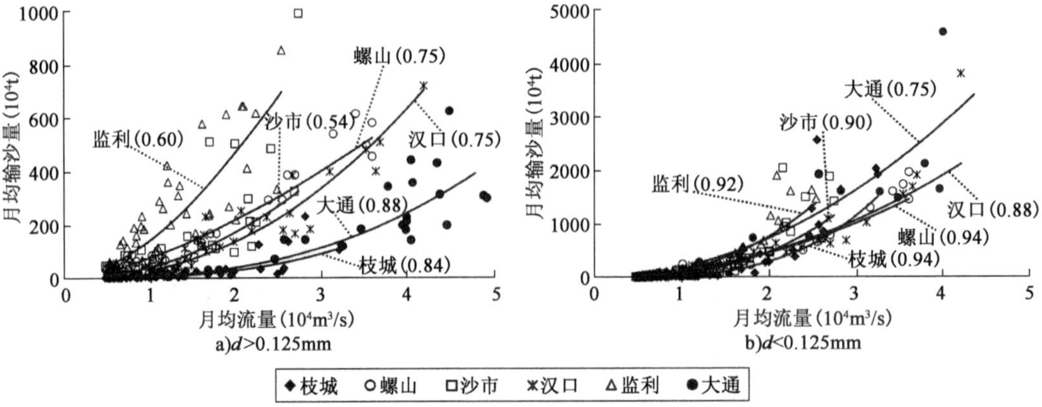

图 2.3-4 三峡水库蓄水后坝下游 $d>0.125$mm 和 $d<0.125$mm 输沙量与流量关系

2.3.4　三峡水库坝下游悬沙恢复与流量过程作用机制

由于长江中下游泥沙输移集中在汛期，且粗颗粒泥沙集中在大流量时期，进一步考察年内流量过程变化。长江中下游不同河段洪水流量存在一定差异，宜昌至监利河段选取 $Q \geq 2.5 \times 10^4 m^3/s$，螺山站 $Q \geq 3.0 \times 10^4 m^3/s$，汉口站 $Q \geq 3.5 \times 10^4 m^3/s$，大通站 $Q \geq 4.5 \times 10^4 m^3/s$ 作为洪水流量。坝下游 2008—2014 年期间大于某流量天数内的均值流量低于 2003—2007 年期间，使得洪水期输沙能力减弱，同时各站（除螺山站、大通站外）持续天数呈减少趋势，综合作用下使得 2008—2014 年期间 $d > 0.125$mm 泥沙输移量低于 2003—2007 年期间（图 2.3-5）。

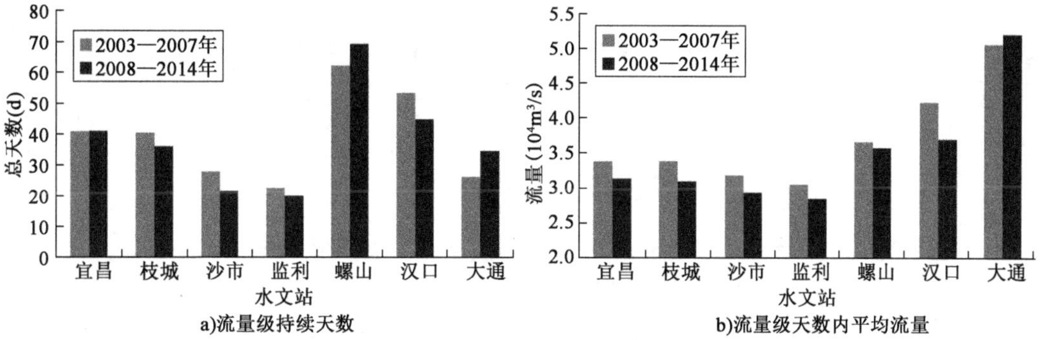

图 2.3-5　三峡水库坝下游各水文站洪水流量及持续时间变化

长江中下游 $d < 0.125$mm 泥沙来源主要是上游流域、支流入汇和河床补给等。以宜昌站代表上游来沙量，1987—2002 年期间，枝城站占宜昌站百分比增加，枝城以下无论是支流入汇还是湖泊分汇作用，$d < 0.125$mm 泥沙占宜昌站小于该粒径级泥沙百分比均减少（图 2.3-6）。2003—2007 年和 2008—2014 年期间，$d < 0.125$mm 悬沙输移量变化规律为：宜昌至枝城河段略有增加，这与蓄水前 1987—2002 年期间规律是一致的；枝城至监利河段为恢复趋势，若无洞庭湖三口分流作用，该组泥沙恢复的程度将增大；监利至大通河段为沿程恢复趋势，2008—2014 年恢复程度高于 2003—2007 年，由于宜昌站 2008—2014 年期间 $d \leq 0.125$mm泥沙量大幅减少，虽然长江中下游悬沙恢复程度大，干流区间河床补给对泥沙恢复起到一定积极作用，但 2008—2014 年输沙量仍低于 2003—2007 年期间均值。

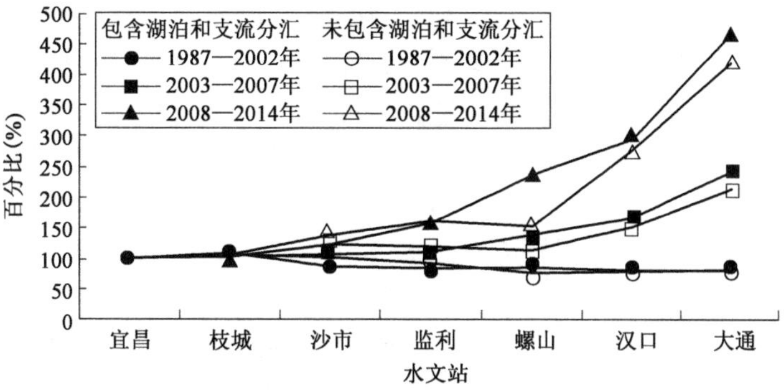

图 2.3-6　三峡水库坝下游支流和湖泊分汇对干流 $d < 0.125$mm 悬沙的补偿过程

2.3.5 三峡水库坝下游床沙补偿机制研究

图2.3-7为三峡水库坝下游河床中值粒径变化图，2003年、2007年和2010年为粗化趋势，宜昌至枝城河段粗化程度最大，枝城至螺山河段为普遍粗化，向下游粗化程度减弱，螺山站以下河段整体为粗化趋势，其粗化与细化交替发生。一般而言，河床粗化不利于 $d>0.125$mm和 $d<0.125$mm 泥沙的恢复。

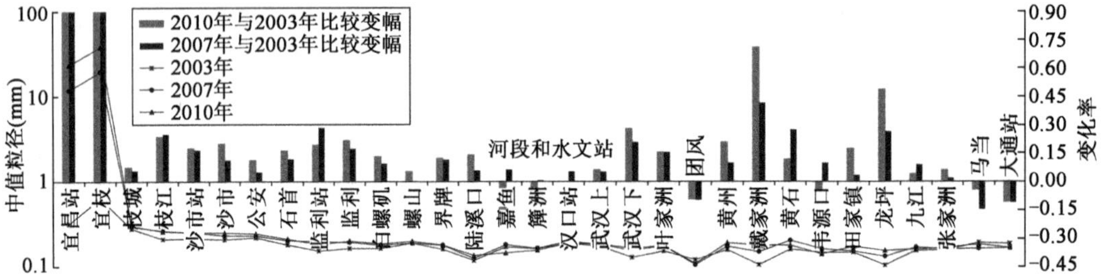

图2.3-7 三峡水库坝下游河段床沙中值粒径变化

图2.3-8为三峡水库坝下游河道床沙百分组成变化图，近坝段 $d\leqslant0.125$mm 组分为减小趋势，宜昌至枝城河段甚至近于零，表明这一河段河床中 $d\leqslant0.125$mm 床沙对悬沙的补给作用减弱，甚至出现不再补给悬沙现象，使得本河段 $d\leqslant0.125$mm 悬沙输移量呈减少趋势，且不能恢复至蓄水前均值。枝城以下河段床沙中 $d\leqslant0.125$mm 百分比虽存在减小趋势，但比例基本在10%以上，对悬沙仍起到补偿作用。因此，蓄水后坝下游床沙中 $d\leqslant0.125$mm 的百分比减小，若上游来沙量持续处于较低水平，坝下游 $d\leqslant0.125$mm 悬沙输沙量沿程上虽得到一定程度的恢复，但输沙量难以恢复至蓄水前均值。$d>0.125$mm 百分组成为增大趋势，该组分泥沙对悬沙起到补给作用取决于洪水持续时间和流量，三峡水库蓄水后坝下游洪水持续时间和流量均为减少趋势，表明对该组分泥沙的补偿动力减弱，其输沙量将进一步减少。

由于水流处于不饱和状态，河床表层床沙逐渐冲刷补给悬沙，但补给量和强度除受制于水动力强弱和表层河床组成，其补给量还受制于河床可冲层厚度。宜昌至枝城为砂卵石河段，从图2.3-9可以看出，该河段河床上 $d\leqslant0.125$mm 组成基本为零，2009年测试显示，$0.125\text{mm}<d\leqslant0.50$mm 床沙组成也冲刷殆尽，在悬沙中 $d>0.15$mm 输沙量很少，$d>0.50$mm组成为零。宜昌至枝城河段床沙对悬沙细颗粒补给量极小，粗颗粒泥沙虽存在补给，但河道深槽的补给已基本完成。图2.3-9c)为砂卵石向沙质河段过渡区域沙质和砂卵石覆盖层变化，枝城至监利河段为砂卵石向沙质的过渡段，芦家河处于砂卵石河段末端，蓄水前河床表层可冲层厚度较小，下层存在大量砂卵石，随着河道冲刷的持续，下层砂卵石层对粗颗粒泥沙补给减少。芦家河河段水陆洲附近可冲层厚度在深槽出现为零的情况，岸滩冲刷层仍较厚。枝城至芦家河河段，$d>0.125$mm 和 $d\leqslant0.125$mm 的悬沙均得到恢复，蓄水后荆江河段崩岸频繁[9]，进一步说明补给泥沙来自岸滩变形或是崩退。枝江至江口河段主槽砂卵石覆盖层顶高程减小，可冲层厚度逐渐增加，近年来该河段深泓下切，卵石层上的沙质层逐渐减小，对悬沙的补给量也将不足。沙市河段沙质冲刷层厚度深槽小于10m，边滩和心滩沙质覆盖层仍较厚，即在砂质河段粗颗粒泥沙的补给仍较为充足[11]。

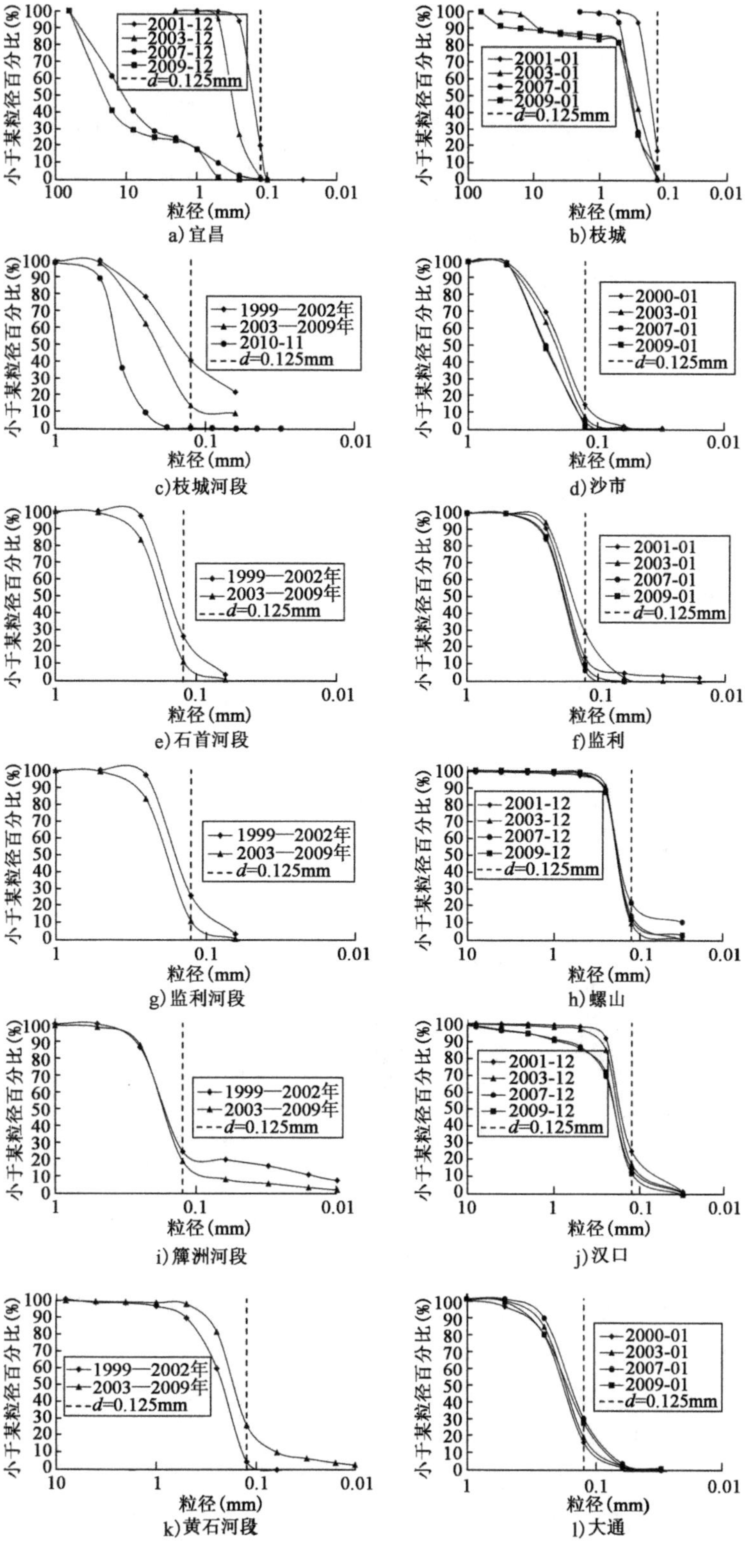

图 2.3-8　三峡水库坝下游河床表层床沙百分比变化

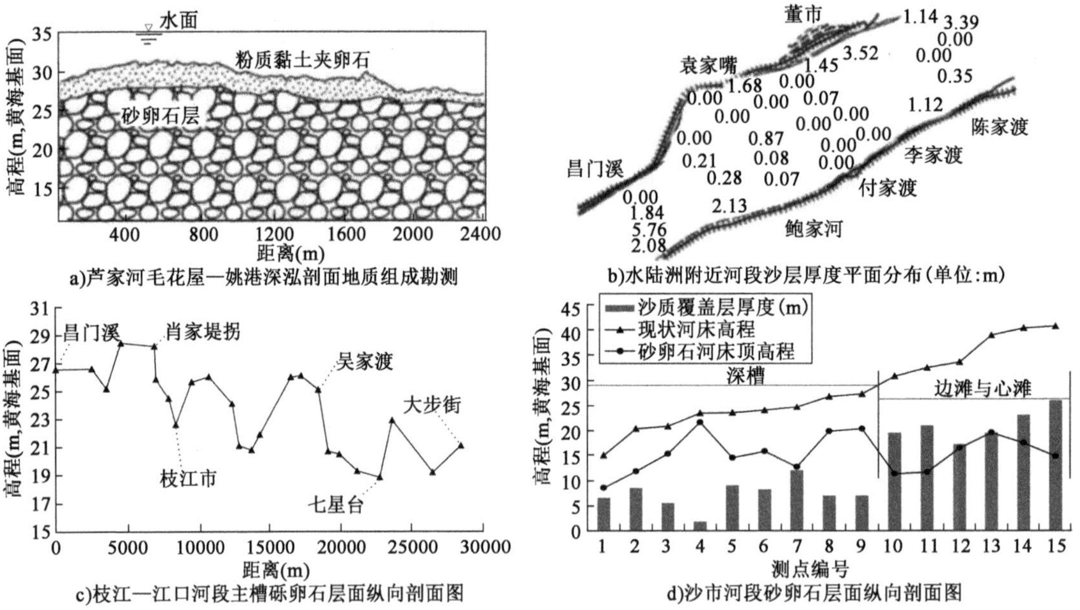

图 2.3-9　长江中游河床地质组成图

2.3.6　三峡大坝下游河床调整与悬沙恢复和床沙补偿关系分析

三峡水库坝下游宜昌至大通河段可划分为宜昌至枝城、上荆江(枝城至藕池口)、下荆江(藕池口至城陵矶)、城陵矶至汉口、汉口至湖口和湖口至大通河段。整理上述河段平滩河槽单位河长冲淤强度数据(图 2.3-10),主要认识如下:

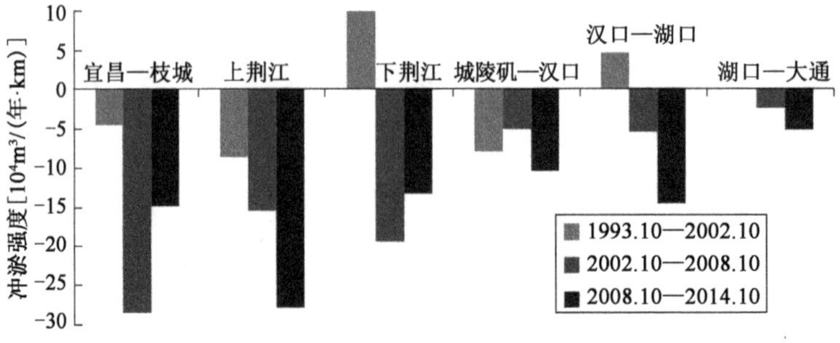

图 2.3-10　三峡水库坝下游河段冲淤强度变化

(1)宜昌至枝城河段,1987—2002 年、2003—2007 年和 2008—2014 年期间均为冲刷,冲刷强度蓄水后大于蓄水前,2008—2014 年期间小于 2003—2007 年期间。主要原因是砂卵石河段床沙大幅粗化,河床中 $d \leqslant 0.125$mm 泥沙的组分近乎为零,对该组分悬沙的补给严重不足;同时,洪水流量持续天数和流量均值减少,对河床上 $d > 0.125$mm 泥沙的冲刷能力减弱,使得床沙对该组分悬沙补偿作用减弱,也是原因之一。

(2)上荆江河段,位于枝城站和监利站区间,上荆江河床冲刷强度为增大趋势,这一河段 $d > 0.125$mm 悬沙逐渐恢复,由于洞庭湖分汇流对该组分悬沙的恢复影响较小,即这一河段 $d > 0.125$mm 输沙量的增加主要来自河床冲刷补给。$d \leqslant 0.125$mm 泥沙逐渐得到恢复,说明上荆江河段河床泥沙为粗细均冲，即为三峡水库蓄水后冲刷较大且集中的区段。

(3)下荆江河段，位于监利站和螺山站区间，$d>0.125\text{mm}$ 悬沙恢复程度减弱，1987—2002年、2003—2007年和2008—2014年期间螺山站 $d>0.125\text{mm}$ 输沙量均低于监利站，3个时段 $d>0.125\text{mm}$ 泥沙均为淤积，说明当 $d>0.125\text{mm}$ 泥沙恢复至蓄水前相当水平后，其下游河段该组泥沙的冲淤特性与蓄水前相一致。河段之间存在洞庭湖入汇，1987—2002年、2003—2007年和2008—2014年期间螺山站—城陵矶站—监利站 $d\leqslant0.125\text{mm}$ 量值差为 -0.268亿t/年、0.015亿t/年和0.006亿t/年，即蓄水前为淤积趋势，蓄水后为冲刷趋势。下荆江河段泥沙冲淤在1987—2002年为粗细均淤积，2003—2007年和2008—2014年为淤粗冲细，由于监利站洪水流量持续天数和流量均值减少，同时河床粗化使得细颗粒泥沙补给不足，综合作用使得2008—2014年下荆江河段冲刷强度较2003—2007年期间有所减弱。

(4)城陵矶至汉口河段，位于螺山站和汉口站区间，1987—2002年、2003—2007年和2008—2014年河床表现为冲刷趋势。悬沙中 $d>0.125\text{mm}$ 泥沙1987—2002年期间冲刷，2003—2007年期间淤积，2008—2014年期间冲刷。2008—2014年螺山站 $Q>35000\text{m}^3/\text{s}$ 流量持续时间和量值较2003—2007年期间增加，使得两时期冲淤性质发生变化。这一点认识与以往研究认识不一致，主要是以往研究中资料限于2007年以前[10]，或是将蓄水后2003—2011年作为整体[11]，一定程度上掩盖了洪水流量对其影响。考虑汉江入汇，其中汉江入汇口在汉口站以上1.15km，依据输沙量法计算城陵矶至汉口河段冲淤关系，汉口站需扣除汉江入汇长江皇庄站沙量。1987—2002年、2003—2007年和2008—2014年期间，汉口—汉江皇庄—螺山站 $d\leqslant0.125\text{mm}$ 量值差为 -0.189亿t/年、0.089亿t/年和0.124亿t/年，蓄水前为淤积趋势，蓄水后为冲刷趋势。城陵矶至武汉河段泥沙冲淤特性：蓄水前1987—2002年为冲粗淤细，2003—2007年为淤粗冲细，2008—2014年为粗细均冲，引起蓄水后2003—2007年和2008—2014年粗细颗粒泥沙冲淤规律的改变，主要是洞庭湖和长江干线流量共同作用下，螺山站洪水流量持续天数增加，但均值流量略有减少，综合条件下洪水持续天数内的总水量为增加趋势，增加了冲刷动力，使得泥沙冲淤规律由2003—2007年的“淤粗冲细”转变为2008—2014年的“粗细均冲”。由于螺山站洪水水量增加，城陵矶至汉口河段为沙质河床，且河床泥沙补给量充足，出现了2008—2014年冲刷强度高于2003—2007年的现象。

(5)汉口至大通河段，位于汉口站和大通站区间，1987—2002年期间为淤积趋势，但幅度有限，2008—2014年冲刷强度高于2003—2007年期间。由于鄱阳湖入江泥沙主要为细颗粒悬沙，汉口至大通区间 $d>0.125\text{mm}$ 泥沙冲淤不考虑鄱阳湖入汇的影响。大通站—湖口站—汉口站 $d>0.125\text{mm}$ 悬沙1987—2002年、2003—2007年和2008—2014年期间量值差为0.01亿t/年、-0.18亿t/年和 -0.07亿t/年，蓄水前为微冲趋势，蓄水后为淤积趋势。对于 $d>0.125\text{mm}$ 悬沙蓄水前后冲淤性质的转变，已有研究认为蓄水后 $d>0.125\text{mm}$ 泥沙淤积为区间径流量较蓄水前减少所致。大通站—湖口站—汉口站 $d\leqslant0.125\text{mm}$ 输沙量在1987—2002年、2003—2007年和2008—2014年期间的量值差分别为 -0.013亿t/年、0.295亿t/年和0.312亿t/年，表明蓄水前为微淤趋势，蓄水后为冲刷趋势。总体上，蓄水前汉口至大通河段泥沙冲淤较小，处于相对平衡状态，蓄水后为冲刷趋势。依据输沙量平衡方法计算汉口至大通河段冲淤强度，结果表明，1987—2002年、2003—2007年和2008—2014年平

均冲淤量为 -0.006 亿 t/年、0.12 亿 t/年和 0.21 亿 t/年，2008—2014 年冲刷量高于 2003—2007 年期间，与河床地貌的冲刷强度相对应。汉口至湖口河段和湖口至大通河段河床冲刷强度存在一定差异，在汉口至湖口河段沿程上细颗粒泥沙冲刷得到一定恢复，在湖口以下由于鄱阳湖入汇一部分细颗粒泥沙，湖口至大通河段不饱和水体含沙量增大，使得对河床冲刷强度减弱，综合作用下湖口至大通河段在冲淤强度上小于汉口至湖口河段。

由上文分析可知，宜昌至大通区间各河段的泥沙冲淤量与河床冲淤强度对应关系较好，结合蓄水后洪水流量持续时间和量值解释了蓄水后 2003—2007 年和 2008—2014 年冲淤的差异性。但是在泥沙冲淤和河床冲淤量值上的差异较大，可能为河道采砂和航道疏浚等综合作用所致。河道采砂在一定程度上加剧河床冲刷、拓宽及河道比降的调整，采砂作业“去粗留细”会促进床沙粗化进程[12]。整理长江干线 2003—2011 年期间中下游河道采砂数据（表 2.3-1），可以发现，采砂占较大比重，如 2009 年采砂量占大通站年总输沙量的63.2%，并且采砂并非全部集中在平滩河槽以下，这一比例会有所减小。同时长江中下游河道航道部门进行了大量疏浚，在不利年份疏浚量仍较大（表 2.3-2）。在采砂和疏浚作用下，地形法和输沙量法计算得到的河床冲淤强度数值不一致，甚至出现结果相差较大的情况。

长江中下游年度采砂控制量[13]　　表 2.3-1

年份	2004	2005	2006	2007	2008	2009	2010	2011
采砂控制量（万 t）	1186	1602	1240	1690	5140	7020	4430	4407

武汉至大通河段疏浚量[14]　　表 2.3-2

年份	2009	2010	2011	2012	2013
疏浚量（万 m^3）	27.5	12.0	41.9	58.7	608.9
疏浚量（万 t）	72.9	31.8	111.0	155.6	1613.6

2.3.7　三峡水库及梯级水库运行后长江中下游泥沙输移趋势探讨

三峡水库拦截大量泥沙，清水下泄使得坝下游水体长期处于非饱和状态，坝下游河段长期处于冲刷状态。宜昌至枝城河段河床中细颗粒泥沙已冲刷殆尽，粗颗粒尤其是卵石，由于洪水流量的削减，输移强度减弱，同时上层卵石对下层河床起到了隐蔽作用，增强了河床的抗冲刷能力。若遭遇大洪水或特大洪水年份，水流对河床的冲刷强度增加，粗颗粒泥沙冲刷输移，但移动距离相对有限。沙质河段河床中 $d>0.125$mm 粗颗粒泥沙大量存在，而 $d<0.125$mm 泥沙数量有限，使得沙质河段细颗粒悬沙输沙量恢复有限。虽然 $d>0.125$mm 的悬沙输沙量恢复速度较快，但 2008—2013 年较 2003—2007 年恢复程度有所减弱，2003—2007 年期间冲刷最大区域在上荆江河段，2008—2014 年期间已向下游推进，初步判断冲刷已影响至下荆江河段。在长江上游一系列梯级水库的相继运用后，会进一步加剧清水下泄程度，随着时间的推移，冲刷重点区域也将下移。由于沙质河段 $d>0.125$mm泥沙大量存在，悬沙中 $d>0.125$mm的输沙量仍将逐渐恢复，但由于流量调平，尤其是洪水持续时间和总量的相对减少，使得该组泥沙输移量减少。依据近期规划，三峡水库将可能实行中小洪水调度，进一步增加流量调平幅度[7]。由于 $d>0.125$mm 的悬沙在监利站、螺山站和汉口站均得到了较大程度的恢复，但量值上监利站最大，选取监利站为代表水文站，预估三峡水库及上游梯级水库联合运行后坝下游粗颗粒泥沙输移量。2003—2014 年期间监利站 $d>0.125$mm 泥沙最大输移量为0.53 亿 t/年，与宜昌站和三口站差值代表宜昌至监利河段的河床补给量，补给量最大值为0.44 亿 t/年，均值为 0.30 亿 t/年（图 2.3-11）。综上，在三峡水库及上游梯级水库运行后，三峡水库实行中小洪水调度规则、河床粗化等因素的作用下，长江中下游水文站 $d>0.125$mm悬沙最大输移量不超过0.53 亿 t/年，由于河床上 $d>0.125$mm 床沙大幅减少，河床补给量不超过 0.44 亿 t/年（2003—2007 年均值）。

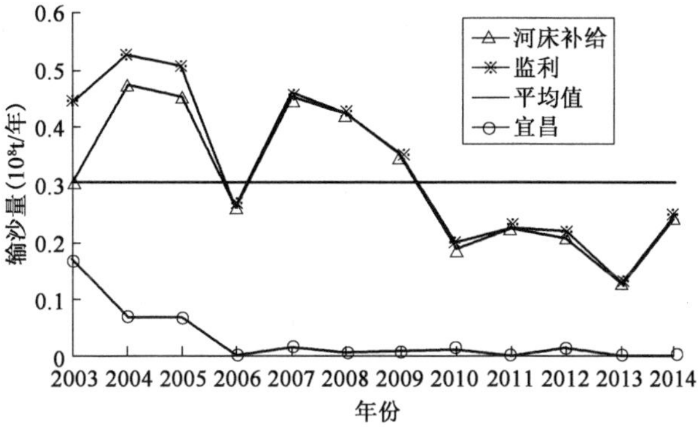

图 2.3-11　2003—2014 年宜昌—监利河段 $d>0.125$mm 泥沙变化

2.4　干支流分汇对干线水沙输移的影响研究

将宜昌—大通河段划分为宜昌—沙市、沙市—监利、监利—螺山、螺山—汉口、汉口—九江、九江—大通河段。江湖关系及支流入汇作用对不同河段单元粗、细颗粒泥沙输移的影响如下：

1）宜昌—沙市河段

三峡水库蓄水后沙市站 $d>0.125$mm 和 $d\leqslant0.125$mm 输沙量高于宜昌站，表明区间河床补给量大于松滋口和太平口的分沙量，即河床冲刷补给能力决定着区间的补给量（图 2.4-1）。2008—2014 年期间 $d\leqslant0.125$mm 输沙量补给高于 2003—2007 年，与总水量的变化规律一致。统计表明，宜昌—沙市河段内的边滩和心滩面积为减少趋势[8]，即河床对细颗粒泥沙的补给主要来自滩地。2008—2014 年期间 $d>0.125$mm 输沙量补给低于 2003—2007 年，与河床粗化和大流量持续天数及量值变化规律一致。综上，宜昌—沙市河段细颗粒泥沙补给来自滩地且受总水量的影响较大，考虑到作用于滩地的水流冲刷时间增加，细颗粒泥沙补给量也有所增加，粗颗粒泥沙补给受制于大流量持续天数及量值的影响。

2）沙市—监利河段

三峡水库蓄水后监利站 $d>0.125$mm 和 $d\leqslant0.125$mm 沙量均高于枝城站，表明区间河床补给量大于藕池口的分沙量，即河床冲刷补给能力决定着区间的补给量（图 2.4-2）。$d\leqslant0.125$mm 和 $d>0.125$mm 沙量 2008—2014 年期间均高于 2003—2007 年，与总水量变化趋势一致。虽然河床表现为粗化趋势，但为沙质河床，粗细颗粒泥沙的补给来源充足，由于沙市—监利河段间藕池口分沙作用的存在，沙市—监利河段粗细颗粒泥沙的补给量主要受制于水量多寡,其次是河床粗化及大流量持续天数及量值等因素。

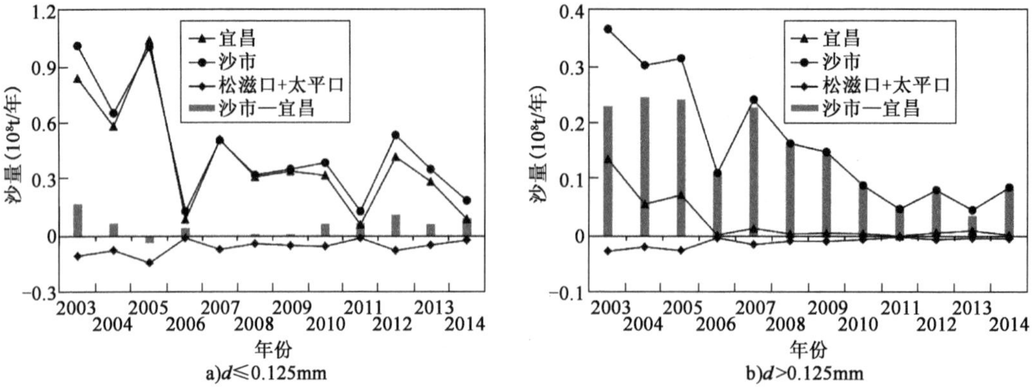

图 2.4-1　宜昌—沙市河段粗细颗粒泥沙输移量变化

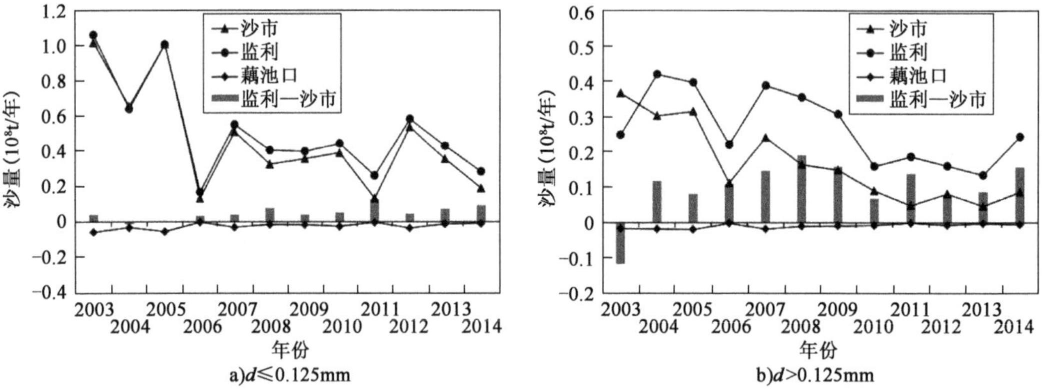

图 2.4-2　沙市—监利河段粗细颗粒泥沙输移量变化

3)监利—螺山河段

洞庭湖城陵矶站沙量与螺山—监利站之间 $d \leqslant 0.125$mm 冲淤量表现出正相关关系[图 2.4-3a)],中洪水年份的补给量大于中枯水年份,约 2/3 的年份补给量均大于城陵矶站 $d \leqslant 0.125$mm 的来沙量。从 2003—2014 年平均值上看,河床补给作用占监利—螺山河段 $d \leqslant 0.125$mm泥沙增量的 9.4%,即监利—螺山河段 $d \leqslant 0.125$mm 泥沙的补给主要来自洞庭湖入汇,河床补给占次要作用。$d > 0.125$mm 泥沙在监利—螺山河段主要为淤积趋势(2003 年除外),中洪水年的淤积量小于中枯水年,表明中洪水年大流量对 $d > 0.125$mm 携沙能力强[图 2.4-3b)]。

4)螺山—汉口河段

螺山—汉口河段存在汉江入汇,其入汇口门在汉口站以上约 1.5km,对整个河段的冲淤影响较小,将汉口站粗细颗粒沙量扣除汉江入汇量,分析螺山—汉口河段粗细颗粒泥沙输移过程(图 2.4-4)。分析表明:2003—2014 年期间,$d \leqslant 0.125$mm 泥沙在螺山—汉口河段河床对其起到补给作用,年均补给量 2008—2014 年略低于 2003—2007 年;$d > 0.125$mm 泥沙在 2003—2009 年期间螺山—汉口河段为淤积趋势,2010—2014 年期间为河床冲刷补给趋势。

在三峡水库蓄水前，$d>0.125$mm 泥沙在螺山—汉口河段为淤积趋势，在 2003—2007 年期间延续了淤积的趋势，但淤积量有所减少，但 2010 年以来转为河床冲刷补给，主要受来流过程的影响。上文分析得到，2008—2014 年期间螺山站 $Q\geqslant2.5\times10^4\mathrm{m}^3/\mathrm{s}$ 流量均值和持续天数均为增加趋势，在螺山站沙量持续锐减的条件下，洪水流量持续天数增加使得水流对河床冲刷动力增强，致使 2010 年以来 $d>0.125$mm 泥沙在螺山—汉口河段冲淤特性发生转变。

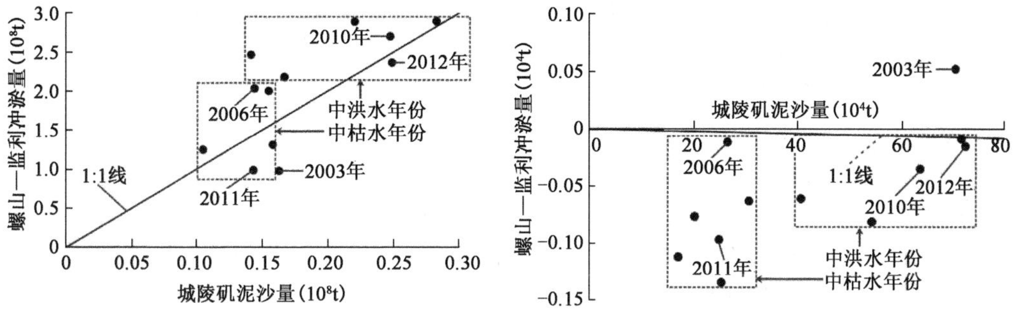

a)$d\leqslant0.125$mm　　b)$d>0.125$mm

图 2.4-3　洞庭湖入汇对监利—螺山河段泥沙输移过程的影响

注：将三峡水库蓄水后螺山站流量进行排序，以平均值作为分界，大于平均流量定义为中洪水年份，小于平均流量为中枯水年份，2004 年、2006 年、2007 年、2009 年、2011 年和 2013 年为中枯水年份，2003 年、2005 年、2008 年、2010 年、2012 年和 2014 年为中洪水年份。

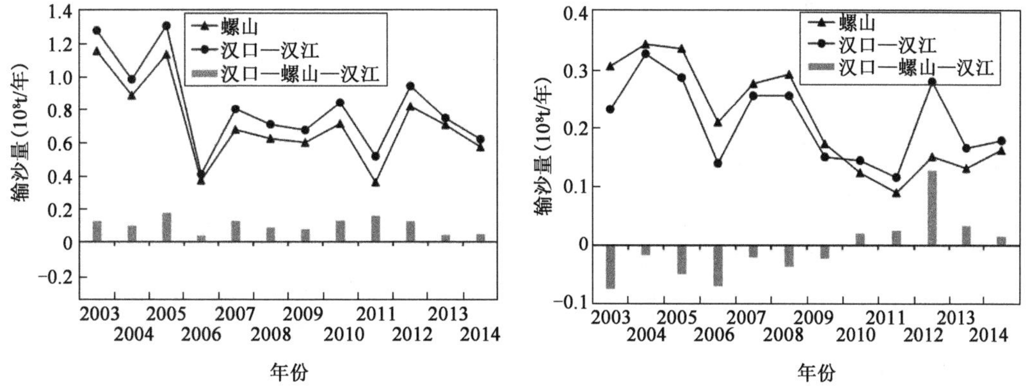

a)$d\leqslant0.125$mm　　b)$d>0.125$mm

图 2.4-4　螺山—汉口河段粗细颗粒泥沙输移量变化

5）汉口—九江河段

汉口—九江河段（图 2.4-5），2007—2012 年期间九江站 $d\leqslant0.125$mm 沙量低于汉口站，即该河段内细颗粒泥沙为淤积趋势；九江站 $d>0.125$mm 沙量高于汉口站，即河床对粗颗粒泥沙为补给趋势。整体上，在汉口—九江河段内，细颗粒泥沙淤积，粗颗粒泥沙冲刷。粗细颗粒泥沙淤积量上，大水年份细颗粒泥沙淤积量高于中枯水年份，粗颗粒泥沙冲刷量大水年份高于中枯水年份，主要与大流量数值及持续天数有关。

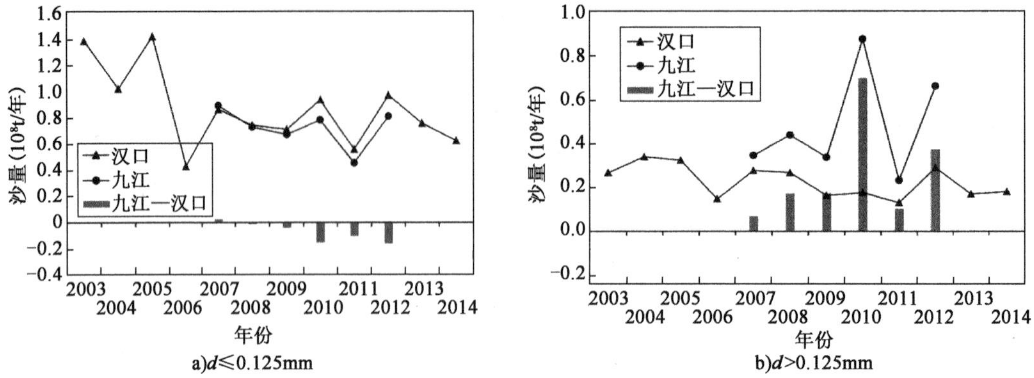

图 2.4-5　汉口—九江河段粗细颗粒泥沙输移量变化

6)九江—大通河段

九江—大通河段(图 2.4-6),细颗粒泥沙为补给趋势,且中洪水年份高于中枯水年份,在量值上高于鄱阳湖入汇的细颗粒泥沙量,但鄱阳湖入汇水量多少为区间细颗粒泥沙补给的决定因素,这与文献的研究结论是一致的;粗颗粒泥沙为淤积趋势,鄱阳湖入汇的粗颗粒沙量极少,对淤积的贡献程度较小,但中洪水淤积量小于中枯水,鄱阳湖入汇水量虽增加了大通站水量、大流量数值及天数,使得淤积量减少,但未能改变泥沙的冲淤特性。在 2007—2012 年期间,鄱阳湖入汇细颗粒沙量为 0.76×10^8t,河床冲刷量为 2.14×10^8t,鄱阳湖入汇和河床冲刷对九江—大通河段细颗粒泥沙补给量的贡献比例为 1∶2.82。

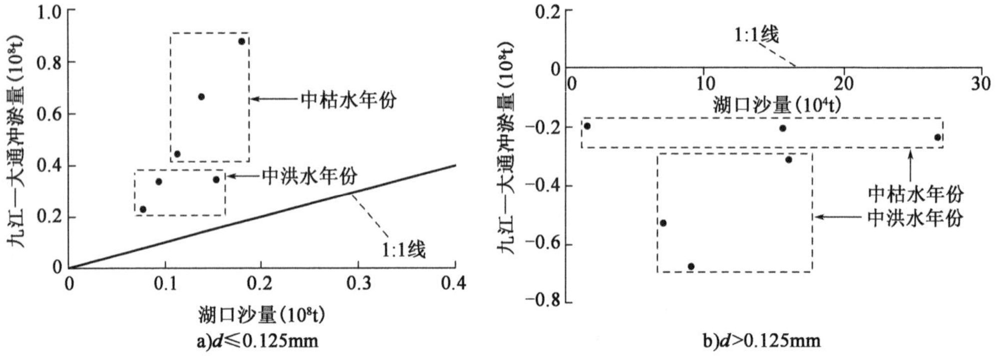

图 2.4-6　九江—大通河段粗细颗粒泥沙输移量变化

注:选取大通站流量作为划分指标,中枯水年份和中洪水年份与螺山站划分年份相同。

2.5　本章小结

(1)三峡水库坝下游洪水持续时间和流量被削减,下泄沙量大幅减少,沿程上输沙量虽得到一定恢复,但总量仍未超过蓄水前多年均值;2003—2014 年期间 $d>0.125$mm(粗沙)输沙量得到一定恢复,至监利站恢复程度最大,基本达到蓄水前均值,在恢复后其下游该组分泥沙冲淤特性与蓄水前一致,其中 2008—2014 年恢复程度弱于 2003—2007 年;三峡水库蓄水后坝下游 $d\leq0.125$mm(细沙)输沙量沿程上得到一定程度恢复,但总量仍小于蓄水前均值;三峡水库蓄水后坝下游 $d>0.125$mm 泥沙输移量因河床补给作用,沿程上得到恢复,但补给量将不超过 0.44 亿 t/年,主要受制于洪水持续时间及流量均值,而上游干流、河段间支流和湖泊分汇作用占次要地位，而 $d \leq 0.125$mm 悬沙恢复受上游干流、区间支流和湖泊分汇及河床补给控制，河床粗化使得床沙对细颗粒悬沙的补给作用减弱；2003—2007 年和 2008—2014 年两时段间宜昌至枝城河段、上荆江为粗细均冲，下荆江为淤粗冲细，汉口至大通河段为淤粗冲细，城陵矶至汉口河段 2003—2007 年为淤粗冲细，2008—2014 年期间为粗细均冲，这一差异受控于螺山站洪水流量持续时间和量值。

（2）粗细颗粒泥沙输移的时空差异性成因：①宜昌—沙市河段，河床粗化限制了粗细颗粒泥沙补给，其中细颗粒沙量补给受制于总水量，粗颗粒受制于大流量持续天数和量值；②沙市—监利河段，粗细颗粒泥沙补给均受制于总水量；③监利—螺山河段，洞庭湖入汇对细颗粒沙量的补给起决定作用，河床补给量中洪水年大于中枯水年，粗颗粒为淤积趋势，且中洪水年淤积量小于中枯水年；④螺山—汉口河段，细颗粒沙量增加主要受河床补给决定，且 2008—2014 年补给强度弱于 2003—2007 年，2010 年前后粗颗粒泥沙由淤积转为冲刷，与大流量持续天数和量值的增加有关；⑤汉口—九江河段，细颗粒泥沙淤积，中洪水年份淤积量大于中枯水，粗颗粒泥沙受河床补给影响为增加趋势，中洪水年份补给量高于中枯水；⑥九江—大通河段，鄱阳湖入汇和河床补给对细颗粒沙量增加的贡献比例为 1∶2.82，河床冲刷对粗颗粒泥沙起补给作用，主要与鄱阳湖入汇水量有关。

参考文献

[1] Yang S L, Xu K H, Milliman J D, et al. Decline of Yangtze River water and sediment discharge: Impact from natural and anthropogenic changes [J]. Scientific Reports, 2015, 07: 1-14.

[2] Yang S L, Milliman J D, Xu K H, et al. Downstream sedimentary and geomorphic impacts of the Three Gorges Dam on the Yangtze River [J]. Earth-Science Reviews, 2014(138): 469-486.

[3] Piao Shilong, Ciais Philippe, Huang Yao, et al. The impacts of climate change on water resources and agriculture in China [J]. Nature, 2010(467): 43-51.

[4] 孙昭华，黄颖，曹绮欣，等. 三峡近坝段枯水位降幅的时空分异性及成因[J]. 应用基础与工程科学学报，2015，23(4)：694-704.

[5] 朱玲玲，陈剑池，袁晶，等. 洞庭湖和鄱阳湖冲淤特征及三峡水库对其影响[J]. 水科学进展，2014，25(3)：348-357.

[6] Zheng Zhubing, Li Yunmei, Guo Yuhong, et al. Landsat-Based Long-Term Monitoring of Total Suspended Matter Concentration Pattern Change in the Wet Season for Dongting Lake, China [J]. Remote Sensing, 2015(7): 13975-13999.

[7] Yuan Yujie, Zeng Guangming, Liang Jie, et al. Variation of water level in Dongting Lake over a 50-year period: Implications for the impacts of anthropogenic and climatic factors [J]. Journal of Hydrology, 2015(525): 450-456.

[8] 韩其为. 水库淤积[M]. 北京：科学出版社，2003：582-607.

[9] Xia Junqiang, Zong Quanli, Deng Shanshan, et al. Seasonal variations in composite riverbank

stability in the Lower Jingjiang Reach, China[J]. Journal of Hydrology, 2014(519): 3664-3673.

[10] 陈飞，李义天，唐金武，等. 水库下游分组沙冲淤特性分析[J]. 水力发电学报, 2010, 9(1): 164-170.

[11] 郭小虎，李义天，渠庚，等. 三峡工程蓄水后长江中游泥沙输移规律分析[J]. 泥沙研究, 2014(5): 11-17.

[12] 胡朝阳，王二朋，王新强. 水库与河道采砂共同作用下的河道演变分析[J]. 水资源与水工程学报, 2015, 26(3): 178-183.

[13] 王延贵，刘茜，史红玲. 长江中下游水沙态势变异及主要影响因素[J]. 泥沙研究, 2014(5): 38-47.

[14] 黄召彪，李明. 长江干线宜昌至安庆河段原型观测分析报告[R]. 武汉：长江航道规划设计研究院, 2015:15-16.

第3章　长江中下游分汊河段河床演变特点及汊道稳定性研究

3.1　单元尺度河道冲淤规律研究

3.1.1　砂卵石及砂卵石～沙质过渡段河床形态调整过程

三峡水库蓄水后，宜昌—宜都、宜都—枝城、枝城—陈二口、陈二口—昌门溪、昌门溪—杨家脑河段均为冲刷趋势（图3.1-1），其枯水河槽累积冲刷量分别为 -0.12亿 m^3、-1.32亿 m^3、-0.54亿 m^3、-0.27亿 m^3 和 -0.33亿 m^3。冲刷趋势上，宜昌—宜都和宜都—枝城河段为冲刷趋势减缓，枝城—陈二口、陈二口—昌门溪和枝江河段冲刷趋势加剧。冲淤河槽分配上，宜昌—枝城和枝江河段枯水河槽冲刷量占平滩河槽比例为91.3%和92.5%，即河床冲刷集中在枯水河槽[1-4]。

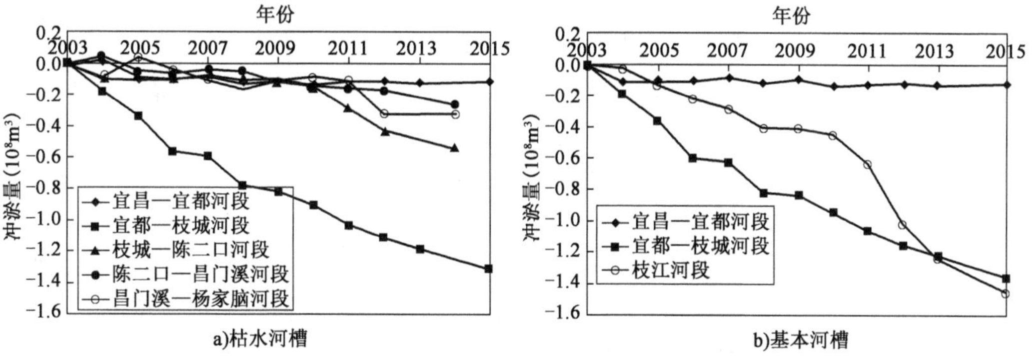

图3.1-1　砂卵石及砂卵石～沙质过渡段河槽冲淤变化

将蓄水后划分为2003—2006年、2006—2009年、2009—2012年和2012—2014年4个时段（图3.1-2），单位河长冲刷强度的变化规律为：宜昌—虎牙滩、虎牙滩—枝城河段先增强后减弱，2009年后宜昌—虎牙滩河段甚至出现小幅淤积；枝城—陈二口、昌门溪—大埠街河段先增强后减弱，陈二口—昌门溪河段先减弱后增强，大埠街—涴市河段在2009年后为增强趋势，沙市河段冲淤交替变化。单位河长冲刷强度沿程上变化规律为：2003—2006年、2006—2009年期间最大值出现在虎牙滩—枝城河段，2009—2012年期间在枝城—陈二口河段，2012—2014年期间在大埠街—涴市河段，表明三峡水库175m蓄水后强冲刷区下移，初步判断下移约80km。

3.1.2　沙质河段单位河长河床形态调整变化过程

三峡水库蓄水前（1981—2002年），宜昌—湖口整体及代表河段枯水河槽均为冲刷趋势,宜昌—枝城及上荆江河段冲刷集中在枯水河槽,枯水—平滩河槽之间略有淤积;下荆江、城陵矶—汉口及汉口—湖口河段为淤积趋势,表现出"冲槽淤滩"的演变特点(图3.1-3)。

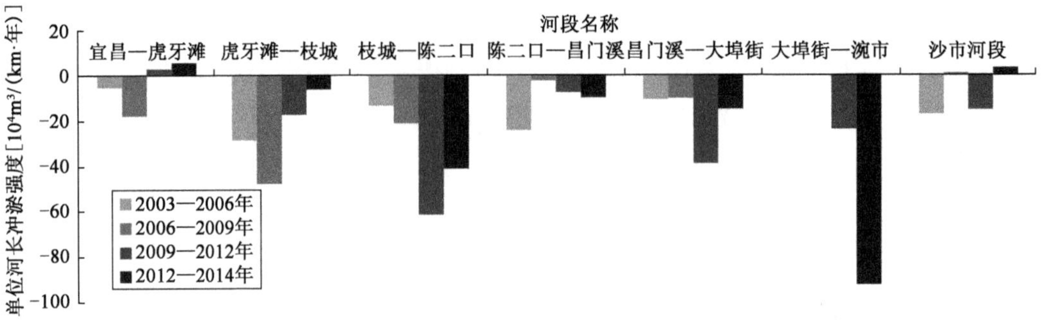

图3.1-2 砂卵石及砂卵石~沙质河段过渡段单位河长冲淤强度变化

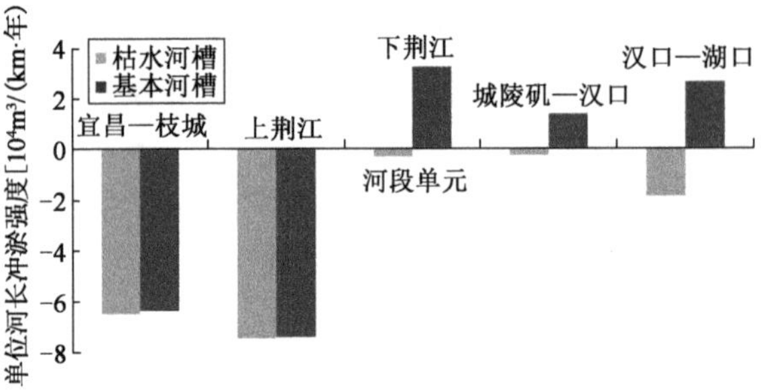

图3.1-3 1981—2002年期间宜昌—湖口单位河长冲淤强度变化

三峡水库蓄水后2003年和2004年汉口—湖口河段枯水河槽和基本河槽为淤积趋势,平滩河槽为冲刷趋势,2005年后呈累积性冲刷趋势,上荆江、下荆江、城陵矶—汉口河段从2003年起为累积性冲刷趋势。2003—2014年期间上荆江、下荆江、城陵矶—汉口、汉口—湖口河段累积冲淤量分别为-4.11亿m^3、-2.80亿m^3、-2.18亿m^3、-3.89亿m^3(图3.1-4)。2003—2006年、2006—2008年及2008—2014年相比较(图3.1-4),枯水河槽、基本河槽和平滩河槽单位河长冲刷强度变化规律:宜昌—枝城河段各河槽单位河长冲刷强度减弱;上荆江河段枯水河槽和基本河槽单位河长冲刷强度增强,平滩河槽为先减弱后增强;下荆江河段各河槽单位河长冲刷强度先减弱后增强;城陵矶—汉口河段枯水河槽和基本河槽单位河长冲刷强度呈增强趋势,平滩河槽先减弱后增强;汉口—湖口河段枯水河槽单位河长冲刷强度增强,基本河槽和平滩河槽先减弱后增强。单位河长冲刷强度沿程变化规律:2003—2006年期间宜昌—枝城河段最大,下荆江河段次之,城陵矶—湖口河段最小;2006—2008年期间最大区域在宜昌—枝城河段,上荆江河段次之,下荆江河段最小;2008—2014年期间最大区域在上荆江河段,汉口—湖口河段次之。2008—2014年期间单位河长冲刷强度最大区段已由2003—2008年期间的宜昌—枝城河段下移至上荆江河段,同时下荆江及以下河段冲刷强度明显增加,受三峡水库清水下泄的影响程度增强。

3.1.3 河床冲淤分配过程

枯水河槽定义为深槽,枯水—基本河槽之间为低滩部分,基本—平滩河槽之间为高滩部分。表3.1-1统计了枯水河槽、低滩和高滩冲淤量占平滩河槽冲淤量的比例,分析表明:

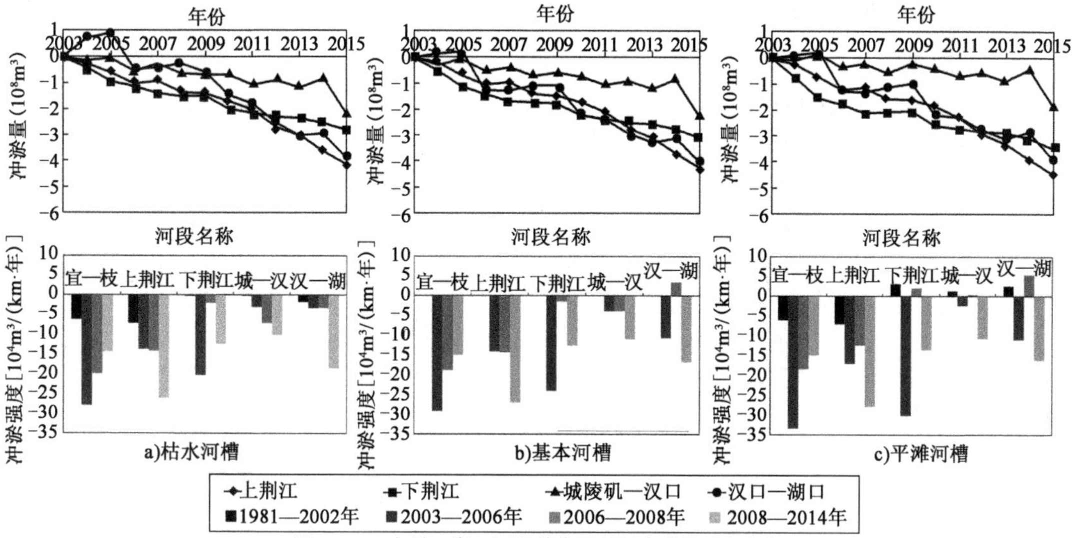

图 3.1-4　宜昌—湖口河段单位河长河床冲淤过程变化

注:宜昌—城陵矶河段枯水河槽、基本河槽和平滩河槽对应的宜昌流量为 5000m^3/s、10000m^3/s、30000m^3/s;城陵矶—汉口河段各河槽对应的螺山流量为 6500m^3/s、12000m^3/s、33000m^3/s;汉口—湖口河段各河槽对应的汉口站流量为 7000m^3/s、14000m^3/s、35000m^3/s。“宜—枝”为宜昌—枝城河段,“城—汉”为城陵矶—汉口河段,“汉—湖”为汉口—湖口河段。

(1)三峡水库蓄水前宜昌—枝城、上荆江河段枯水河槽冲刷,高、低滩小幅淤积;下荆江、城陵矶—湖口河段枯水河槽冲刷,高、低滩大幅淤积,表现出“冲槽淤滩”的演变特点。

(2)2003—2008 年期间宜昌—枝城、上荆江和下荆江河段枯水河槽、高、低滩均为冲刷趋势;城陵矶—汉口河段与三峡水库蓄水前一致,表现出“冲槽淤滩”的演变特点,且淤积集中在高滩;汉口—湖口河段为枯水河槽和低滩冲刷,高滩略有淤积。

(3)2009—2014 年期间与 2003—2008 年相比,宜昌—枝城、上荆江和下荆江河段冲刷更集中在枯水河槽,滩地冲刷比例减小;城陵矶—汉口河段冲刷仍集中在枯水河槽,低滩由淤积转为冲刷,高滩淤积减缓;汉口—湖口河段冲刷集中在枯水河槽,低滩由冲刷转为淤积,高滩持续淤积,表现出“冲槽淤滩”的演变特点。

宜昌—湖口河段河槽冲淤比例变化　　表 3.1-1

<table>
<tr><td rowspan="2">时 间 段</td><td>河段名称</td><td>宜昌—枝城</td><td>上荆江</td><td>下荆江</td><td>城陵矶—汉口</td><td>汉口—湖口</td></tr>
<tr><td>河长(km)</td><td>60.8</td><td>171.7</td><td>175.5</td><td>251.0</td><td>295.4</td></tr>
<tr><td rowspan="3">三峡水库蓄水前
(1981—2002 年)</td><td>枯水河槽(%)</td><td>102.0</td><td>100.6</td><td>9.2</td><td>17.5</td><td>69.6</td></tr>
<tr><td>低滩(%)</td><td rowspan="2">-2.0</td><td rowspan="2">-0.6</td><td rowspan="2">-109.2</td><td rowspan="2">-117.5</td><td rowspan="2">-169.6</td></tr>
<tr><td>高滩(%)</td></tr>
<tr><td rowspan="3">2003—2008 年
(2002 年 10 月—2008 年 10 月)</td><td>枯水河槽(%)</td><td>88.6</td><td>89.6</td><td>73.2</td><td>301.8</td><td>60.4</td></tr>
<tr><td>低滩(%)</td><td>1.7</td><td>2.2</td><td>11.6</td><td>-30.7</td><td>48.3</td></tr>
<tr><td>高滩(%)</td><td>9.6</td><td>8.2</td><td>15.2</td><td>-171.1</td><td>-8.7</td></tr>
<tr><td rowspan="3">2009—2014 年
(2008 年 10 月—2014 年 10 月)</td><td>枯水河槽(%)</td><td>96.4</td><td>93.7</td><td>91.6</td><td>94.5</td><td>115.0</td></tr>
<tr><td>低滩(%)</td><td>4.8</td><td>3.3</td><td>1.3</td><td>8.1</td><td>-11.4</td></tr>
<tr><td>高滩(%)</td><td>-1.1</td><td>3.0</td><td>7.1</td><td>-2.6</td><td>-3.6</td></tr>
</table>

注:表中正值表示冲刷比例,负值表示淤积比例。

3.1.4 河床断面形态变化

不同时期河槽冲淤分布在断面上也有所体现(图3.1-5):宜昌—枝城河段断面(宜72号、枝2号)调整集中在枯水河槽,主要以深槽冲刷变形为主,枯水位以上河床变形不大;荆6号断面位于关洲心滩中部,右汊(主汊)冲淤变化不大,左汊(支汊)冲深最大达15m,关洲心滩左缘崩退约200m,表现出支汊冲刷下切,主汊冲淤调整不大的演变特点。沙质河段断面(荆42号、荆60号和CZ76)表现出冲深、展宽变化,或是两者并存的变化趋势,CZ76断面为戴家洲洲头断面,由于航道整治工程作用,心滩淤积、深槽冲刷,枯水河槽趋于窄深化(图3.1-5)。

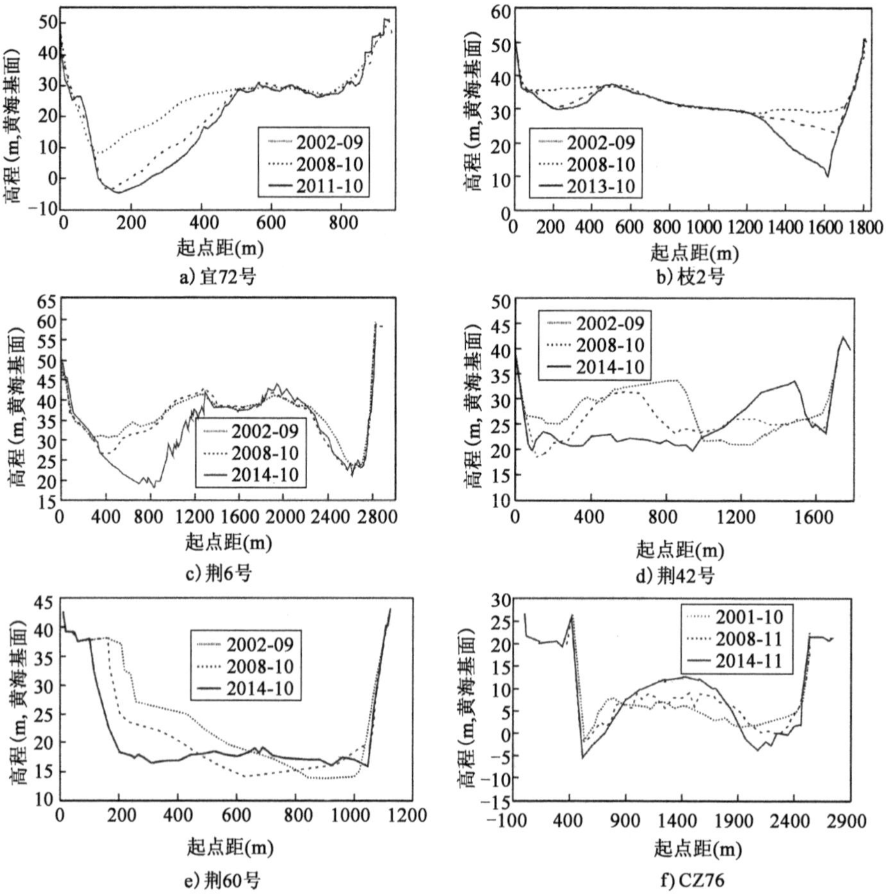

图3.1-5 砂卵石河段及砂卵石~沙质过渡段典型断面变化

整理2012年10月和2003年10月砂卵石、砂卵石~沙质过渡河段深泓与枯水河宽相对变化数据(图3.1-6),分析表明:砂卵石河段深泓整体为下切趋势,河宽在宜昌—枝城河段为减小趋势,枝城至芦家河河段为增大趋势,即宜昌—枝城河段枯水河槽断面冲刷特点为深蚀为主,断面向深蚀趋势发展,枝城—芦家河河段以深蚀为主,同时伴随侧蚀发生,断面向宽浅趋势发展。

沙质河段深泓变化为冲淤交替,整体为冲深趋势[1-2]。三峡水库蓄水后沙质河段河床整体为冲刷趋势，坝下游航道水深为增加趋势，进一步说明河床调整过程中断面以冲深为主。沙质河段存在大量的边滩和心滩，形成河道的内外边界，三峡水库蓄水后坝下游边滩、心滩整体为冲刷趋势，其中部分滩体也出现淤涨趋势（图 3.1-7），说明断面冲深过程中展宽、束窄均有发生，整体上展宽作用较为明显，在未护岸段甚至出现岸线崩退现象。

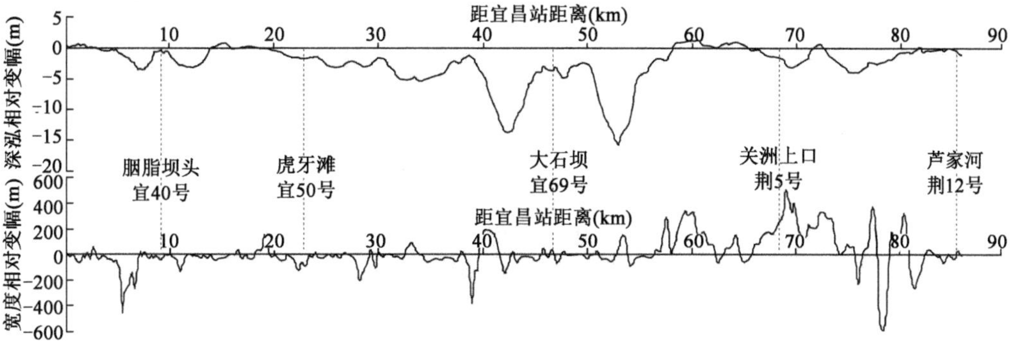

图 3.1-6　宜昌—昌门溪河段深泓和河宽相对变幅（2003 年 10 月—2012 年 10 月）

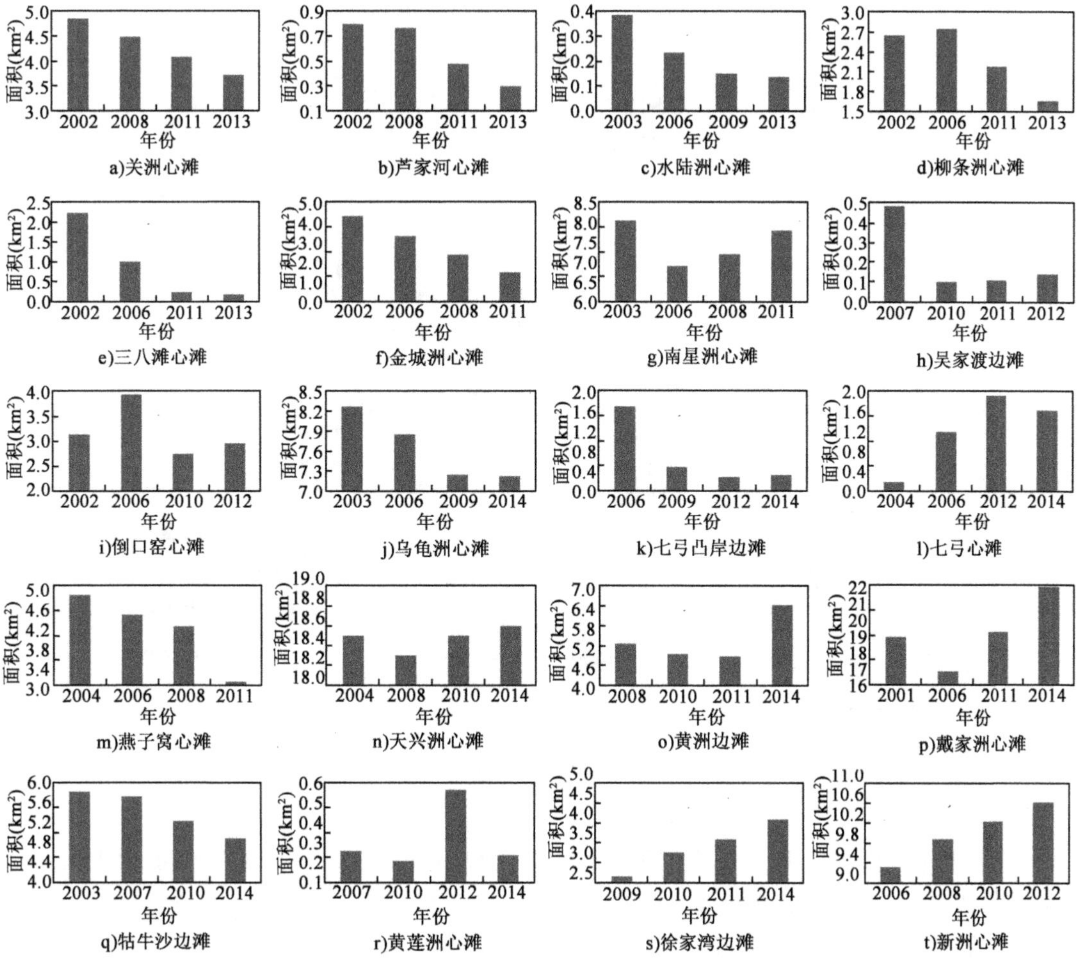

图 3.1-7　长江中游典型边心滩及江心洲面积变化

3.2 长江中下游分汊河段演变规律

3.2.1 边心滩的演变过程

长江中下游的分汊河段均存在大量边滩和心滩[5]，其边心滩的演变直接关系到河势格局和航道条件的优劣。荆江河段的监利水道，凸岸存在新河口边滩，凹岸存在洋沟子边滩，乌龟洲洲头存在洲头低滩，如图3.2-1所示。戴家洲水道凹岸存在巴河边滩，凸岸存在池湖港心滩，戴家洲头部存在洲头低滩，如图3.2-2所示。

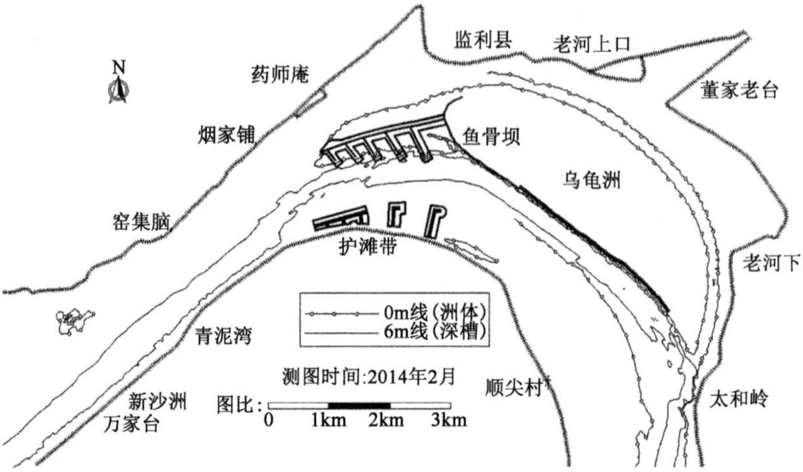

图3.2-1 监利水道滩体分布图

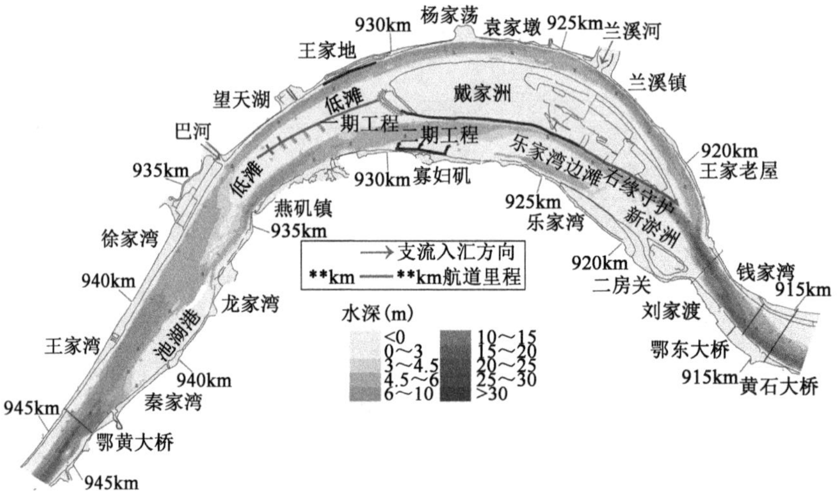

图3.2-2 戴家洲水道滩体分布图

1) 滩体冲淤

罗湖洲水道的人民洲为凸岸边滩，年内过程表现为"洪淤枯冲"的演变规律，洲头的低滩表现为"洪冲枯淤"。人民洲边滩为上冲下淤、尾部倒套冲深。1975—2003年期间，人民洲边滩经历淤涨和蚀退过程，其中1998年和1999年期间大幅淤涨，汉口站$Q>48000m^3/s$流量级持续天数越长，该边滩面积越大，$16000<Q<48000m^3/s$流量持续时间越长，边滩面积

越小。2005—2007 年期间滩头 0m 线位置沿凸岸下移约 1400m，缩窄约 245m，2007—2011 年期间继续冲刷束窄，尾部延伸，在整治工程实施后（2011—2014 年），人民洲边滩继续维持上冲下淤的演变过程，人民洲上部表现为冲刷趋势，并逐渐向高滩扩展，冲刷幅度较大。人民洲滩体的下段 0m 线向深槽一侧展宽约 275m，尾部下延 580m（图 3.2-3）。

2）戴家洲边心滩变化

戴家洲河段进口凹岸有巴河边滩，凸岸为池湖港心滩。图 3.2-4 为戴家洲河段进口段洲滩变化。20 世纪 50—80 年代，戴家洲水道右汊发展。20 世纪 80 年代以后，左汊呈现发展趋势，三峡水库蓄水后实施了航道整治工程，在自然和人类活动干扰下，目前右汊直水道为发展趋势。当凹岸汊道处于发展时，分流比较大，洲头的低滩较小，巴河边滩尚不能与洲头低滩相连，凸岸池湖港心滩也具有一定的规模。当凸岸汊道为主汊时，分流比较大，凹岸汊分流比减小，洲头低滩和巴河边滩发育，两者相连形成一个较大的滩体。当两汊分流比接近时，凸岸心滩新淤洲边沿明显淤积涨大，与此同时，巴河边滩和洲头低滩冲刷，滩体规模缩小。

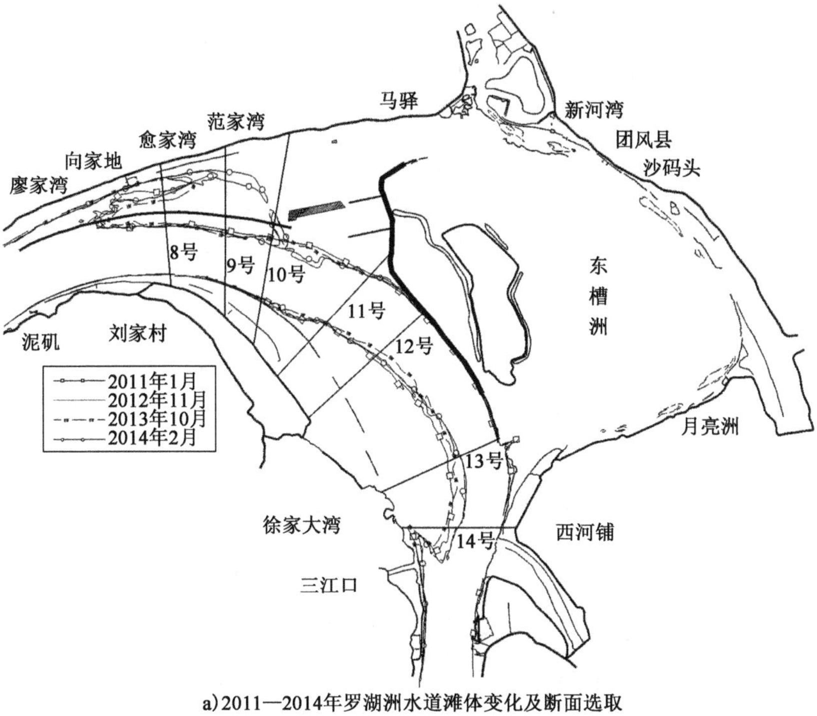

a）2011—2014年罗湖洲水道滩体变化及断面选取

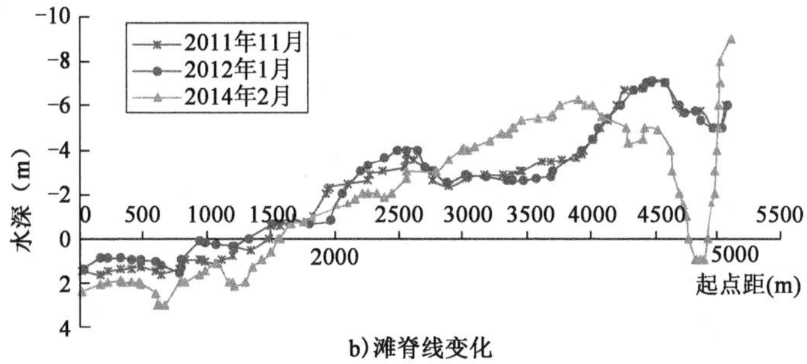

b）滩脊线变化

图　3.2-3

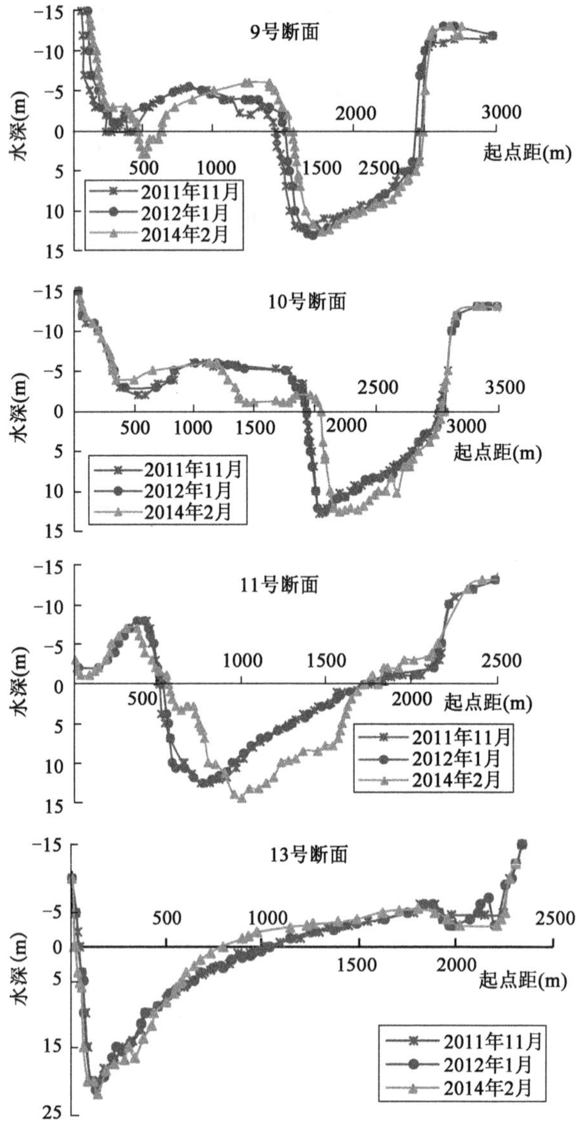

c)罗湖洲水道典型断面变化

图 3.2-3　罗湖洲水道洲滩变化

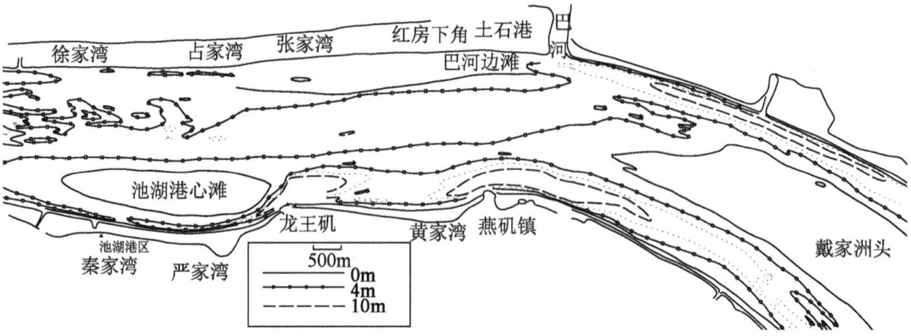

a)1984年11月

图　3.2-4

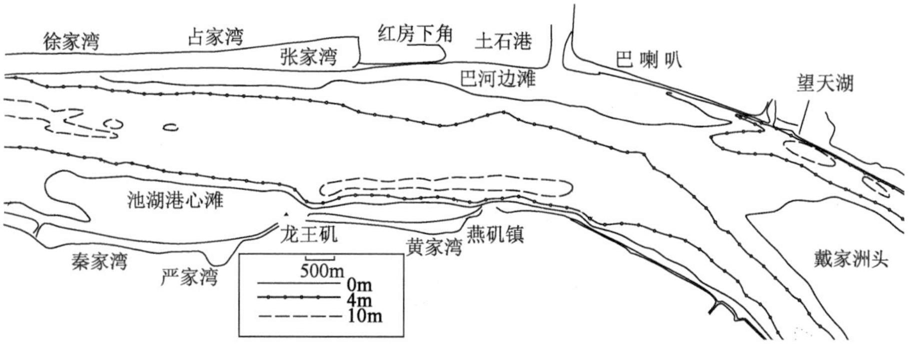

b)2003年3月

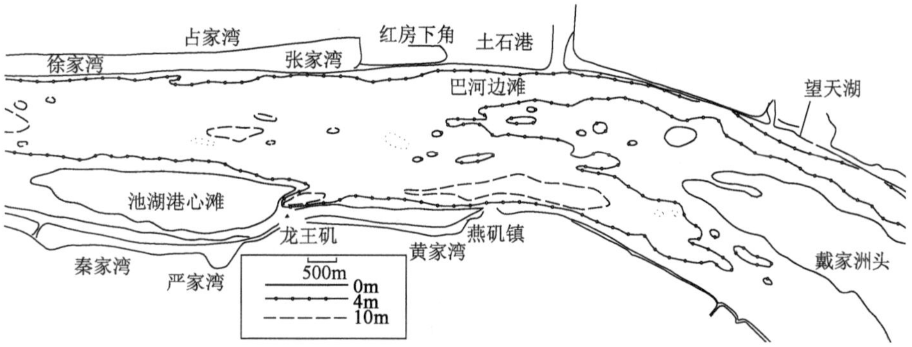

c)2004年9月

图 3.2-4　戴家洲水道近期演变过程

3)东流水道边心滩变化

东流水道为顺直分汊河型,并表现为长顺直的多级分汊,主流摆动频繁,河势的稳定性较差。一级分汊为老虎滩滩体将水道分为老虎滩左汊和东港,二级分汊为老虎滩左汊由于玉带洲和天沙洲的存在,水道分为莲花洲港、西港和天玉串沟。图 3.2-5 为滩体形态特征变化,左岸边滩的形态在 2008 年之前变化不大,2010 年和 2014 年测图显示左岸边滩上段为冲刷,中下段为淤积,老虎滩头部区域水流受挤压作用增强,直接顶冲老虎滩的头部,引起老虎滩左汊和东港的分流比变化。在老虎滩形态上,其头部、左缘和右缘均受冲刷,老虎滩左汊过流能力虽有一定程度的减小,但受泥沙量大幅减小的影响,左汊进口冲刷,由于中下段河宽展宽,水流动力减弱,冲刷的泥沙和洪水期携带的粗颗粒泥沙易在老虎滩左汊下段和西港区域淤积。如图 3.2-6 所示,左岸边滩面积在 2008 年之前表现为增加趋势,2010 年后略有减小,但变化幅度有限。老虎滩滩体面积与左岸边滩变化相对应[6-7],存在此消彼长的对应关系。

4)沙市河段边心滩变化

沙市河段三八滩将河道分为左右两汊,凸岸为腊林洲边滩,凹岸为杨林矶边滩(图 3.2-7)。

三峡水库蓄水以来,腊林洲边滩滩体长度先减小后增加,滩体的宽度明显减小,尾部逐渐淤积延伸。三八滩面积也呈现减小趋势(表 3.2-1、表 3.2-2)。

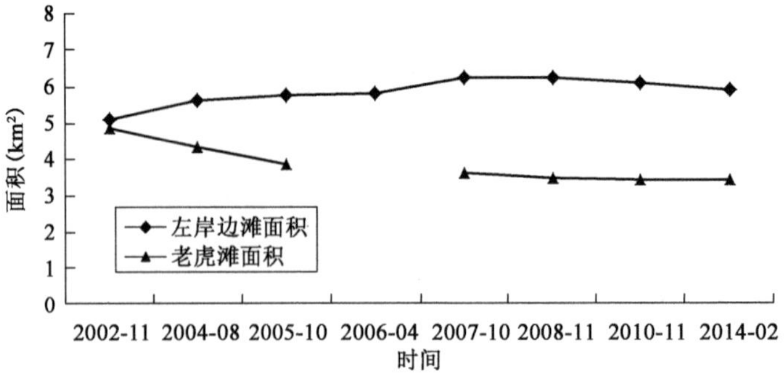

图 3.2-5　老虎滩面积与左岸边滩面积对应关系

2003 年以来腊林洲边滩历年中枯水期滩形(0m)特征统计表　　表 3.2-1

时间	滩长(m)	最大滩宽(m)	最大滩面高程(m)	滩 头 位 置	滩 尾 位 置
2003-04	7880	1560	10.3	荆江分洪闸	荆 35 下 5810m
2004-01	6910	1770	11.5	荆江分洪闸	荆 35 下 4760m
2005-03	6850	1770	11.5	荆江分洪闸	荆 35 下 4670m
2005-11	6940	1500	11.5	荆江分洪闸	荆 35 下 4740m
2006-09	6996	1503	11.5	荆江分洪闸	荆 35 下 4950m
2007-02	7024	1562	未测	荆江分洪闸	荆 35 下 4971m
2008-04	7387	1455	未测	荆江分洪闸	荆 35 下 5353m
2009-02	7642	1498	11.7	荆江分洪闸	荆 35 下 5612m

三八滩滩形特征统计表　　表 3.2-2

时　　间	面积(km^2)	最大洲长(m)	最大洲宽(m)	洲顶高程(m)
2002-11	2.18	4047	836	5.1
2004-11	1.85	3499	920	7.4
2005-03	1.72	3497	95	7.4
2006-04	1.00	3423	530	5.6
2007-03	0.72	2651	468	5.7
2008-04	0.65	2987	420	5.2
2009-02	0.52	2762	354	4.3
2010-03	0.33	2600	190	4.3

注:表中数据以航行基面 0m 线计。

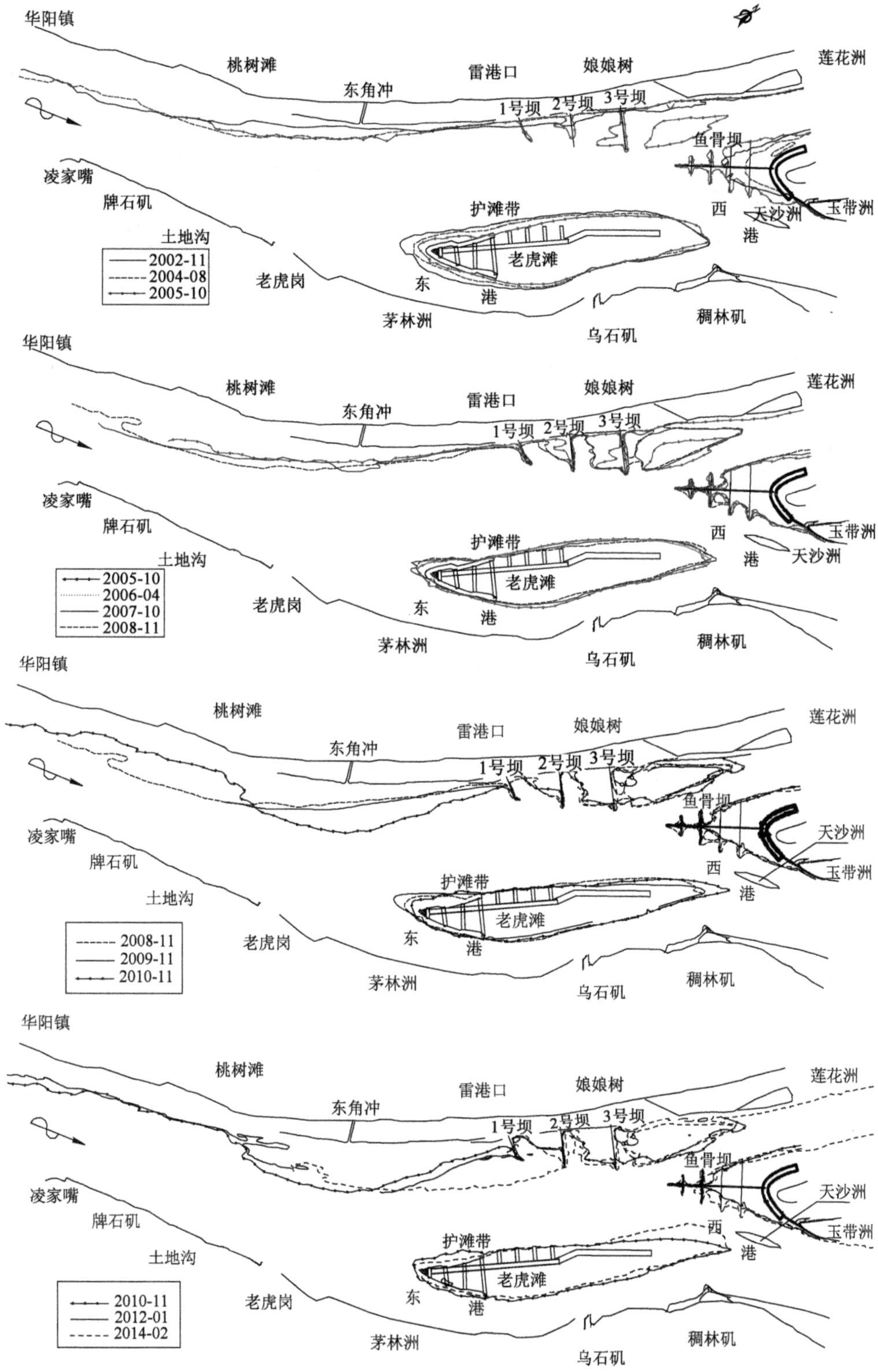

图 3.2-6　东流水道左岸边滩和老虎滩滩体变化

注：绘图基面为航行基准面。

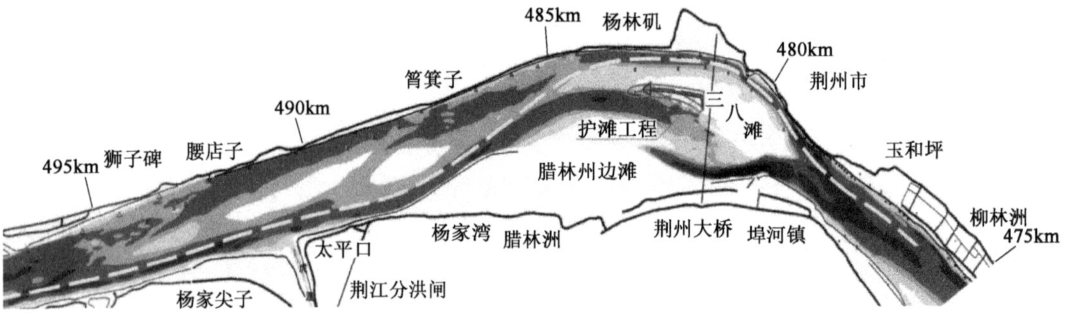

图 3.2-7　沙市河段边心滩分布

三峡水库蓄水以来，上述边心滩的年际演变规律，在长江中下游其他河段也有所体现。在 2003 年以前，天兴洲水道凹岸汉口边滩和洲头低滩相连，形成了较大规模的滩体，2003 年之后有明显的冲刷。新洲水道的新洲头部低滩在蓄水后也表现出一定的冲刷趋势，但由于实施了整治工程，冲刷得到有效控制。九江水道的鳊鱼滩汊道，在蓄水后，在水沙过程的变化和上游河势的共同作用下，也表现出冲刷的趋势。东北水道的下三号洲近期洲头低滩也表现为冲刷趋势（图 3.2-8）。张家洲的官洲低滩的冲刷也是较为明显的（图 3.2-9）。

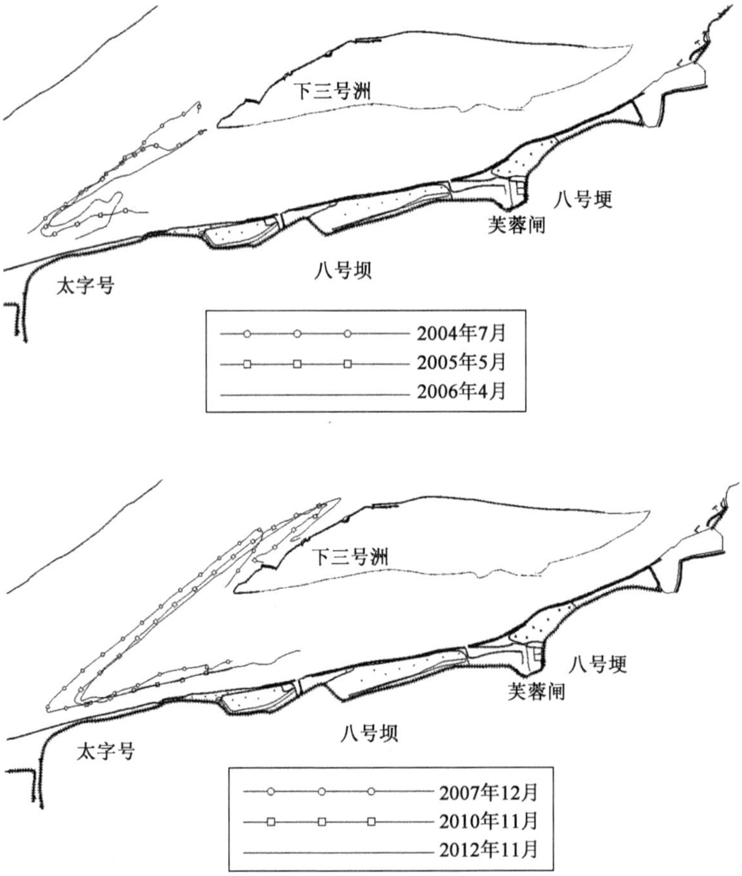

图 3.2-8　东北水道滩体变化

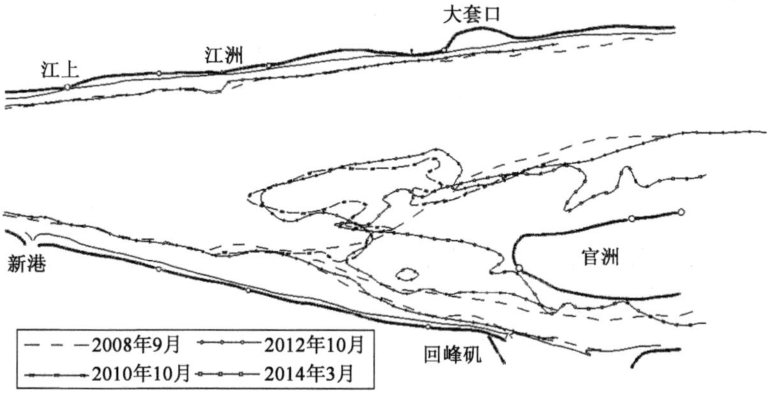

图 3.2-9　张家洲水道滩体变化

3.2.2　深槽的演变特征

分汊河段凹岸汊道深槽年内遵循“洪冲枯淤”的演变规律，凸岸汊道深槽年内则遵循“洪淤枯冲”的演变规律。图 3.2-10 为戴家洲水道凹岸汊道和凸岸汊道深泓纵剖面年内变化，从图中可以看出，2005 年 3—9 月凹岸汊道深泓整体呈现冲刷趋势，而凸岸整体上呈淤积趋势，2005 年 9 月—2006 年 2 月凹岸汊道深泓整体为淤积趋势，而凸岸汊道深泓整体为冲刷趋势。

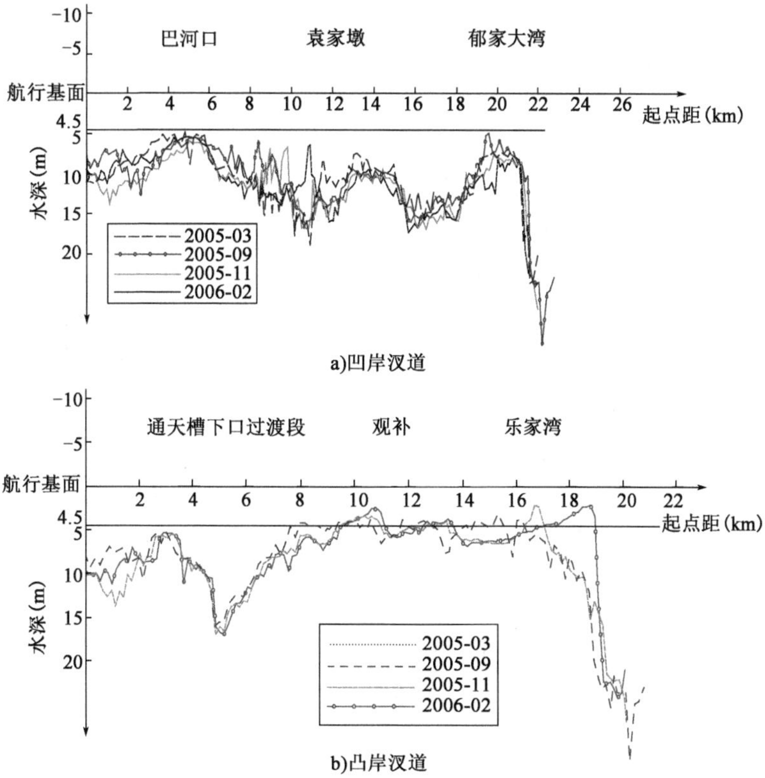

图 3.2-10　戴家洲水道直水道和圆水道深泓变化

三峡水库蓄水前,长江中下游分汊河道各汊道兴衰而此冲彼淤,但总体保持动态平衡。下面以戴家洲水道为例阐述这一演变特征。如上所述,1958—1986 年该水道右汊处于发展趋势,1986 年以后左汊逐渐发展。从戴家洲水道凹岸汊道和凸岸汊道深泓纵剖面历年变化图(图 3.2-11)可以看出,1958—1986 年右汊深泓呈发展趋势,左汊深泓则呈现淤积趋势;1987 年之后左汊深泓冲刷,右汊深泓淤积萎缩。枯水位下断面面积变化一定程度上代表深槽冲淤变化,从戴家洲水道两汊历年航行基面以上 2.0m 对应断面面积可以看出(图 3.2-12),1958—1986 年凹岸汊道深槽面积减小,凸岸汊道深槽面积增加,1986 年后凸岸汊道深槽面积增加,但 1958—2002 年期间凹岸汊道和凸岸汊道之和基本保持不变,说明三峡水库蓄水前分汊河道深槽基本保持冲淤平衡。

2003 年三峡水库蓄水以来,分汊段各汊道深槽均呈冲刷趋势,图 3.2-13 为戴家洲河段 2001—2007 年典型断面的年际变化,从图中可以看出,2003 年以来,左右两汊均呈冲刷趋势,2003 年 10 月—2007 年 10 月左汊深泓冲刷约 7.0m,右汊深泓冲刷约 3.0m。长江中下游的其他分汊如罗湖洲水道、张家洲水道等均表现出类似的规律。

除各汊深槽外,2003 年之前,长江中下游部分分汊河段洲头低滩即将或已经切割,因而存在洲头窜沟。图 3.2-14 为 2003 年以来监利水道和罗湖洲水道洲头窜沟深泓纵剖面年际变化,可以看出,三峡水库蓄水后洲头窜沟冲刷较为明显,监利水道 2004—2007 年南深泓平均冲刷 3.0m,罗湖洲水道 2005—2009 年洲头窜沟冲刷 5.0m 左右。

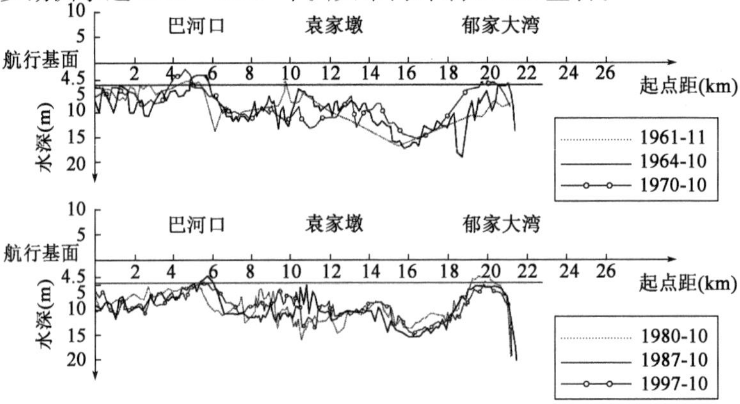

a)凹岸汊

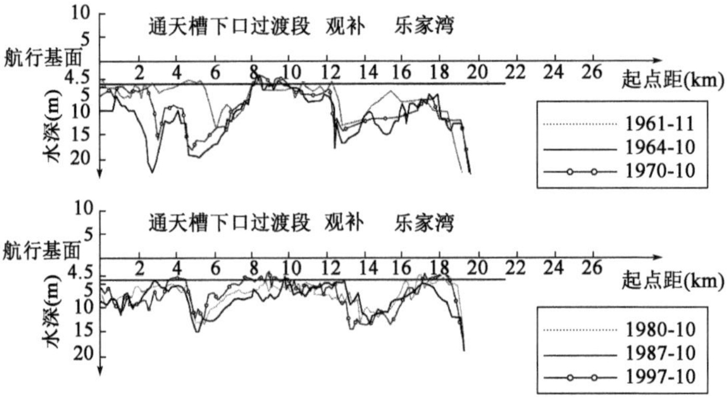

b)凸岸汊

图 3.2-11　戴家洲河段直水道和圆水道深泓变化[3]

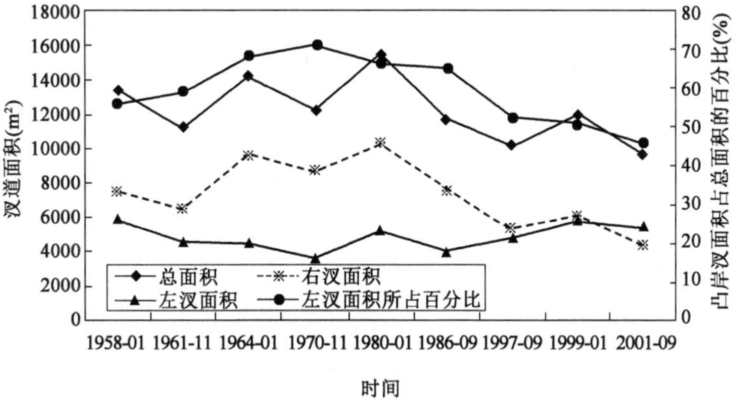

图 3.2-12　戴家洲河段汊道面积变化(2.0m 以上)

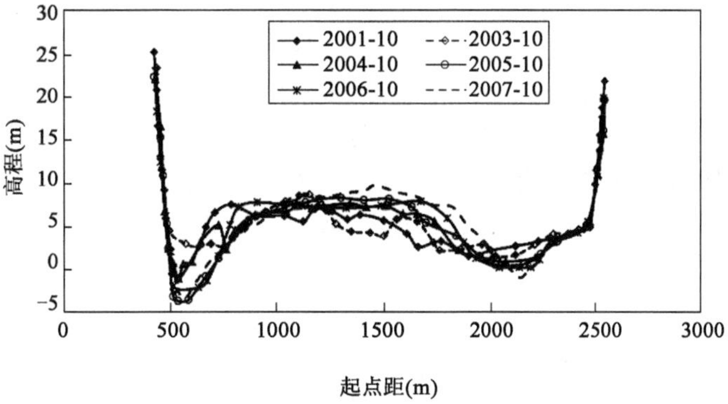

图 3.2-13　戴家洲河段典型断面变化

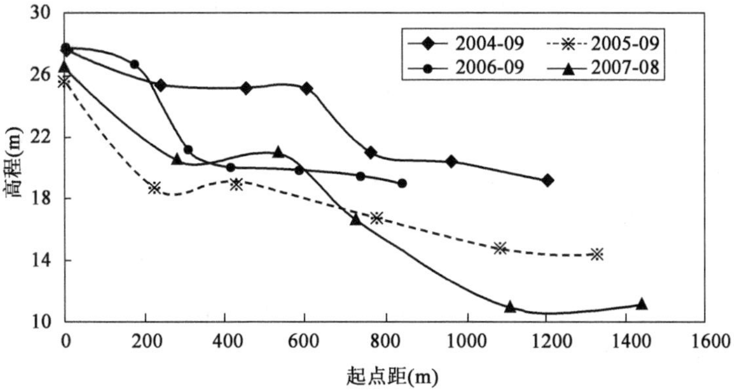

a)监利水道

图　3.2-14

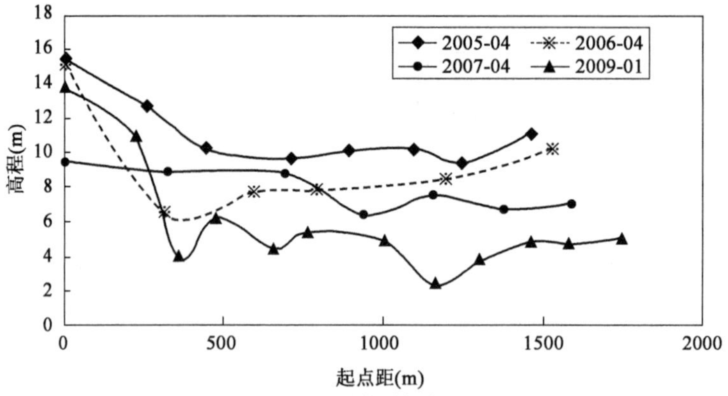

b)罗湖洲水道

图 3.2-14　三峡水库蓄水后分汊河段洲头低滩窜沟深泓纵剖面年际变化

3.3　长江中下游汊道稳定性与流量关系分析

3.3.1　不同河型主流摆动特征流量的确定

对于单一顺直及弯曲河型，小水时主流归入深槽[8]，边滩起到约束水流的作用，开始漫出深槽的临界流量称为主流起摆流量(Q_{start})；大水时水流漫过边滩，边滩起到形态阻力的作用，直到某级临界流量后主流基本停止摆动，称为主流止摆流量(Q_{lock})。顺直河型分别选择周公堤、铁铺、界牌、武穴作为上荆江、下荆江、城汉、汉湖河段的代表河段；弯曲河型分别选择郝穴、莱家铺、煤炭洲、牯牛沙作为上述代表河段，各河段主流摆动特征流量下流速沿断面分布图见图3.3-1。

在长期的河道演变分析过程中，部分学者认识到上游河势调整对下游河道演变具有十分重要的影响。如尤联元分析认为，19世纪时武汉河段天兴洲上游沌口一带深泓偏右，一直到武昌蛇山，经蛇山挑流作用，深泓偏向对岸汉口，再进入天兴洲左汊，之后，沌口一带长江右岸出现白沙洲，深泓左移，经左岸龟山挑流将深泓逼向右岸武昌，再进入天兴洲右汊，正是由于上游河势变化，导致20世纪60年代天兴洲右汊从支汊演变为主汊。再比如陈家洲汊道演变对其下游江乌河段的滩槽格局有一定影响，陆溪口水道演变周期与其上游新堤水道及石头关水道的演变有较为明显的对应关系。

对于分汊河型，由于不同流量级下水流天然弯曲半径不同，主流可能发生摆动；再者，上游河势调整也可能改变分汊段进口的流路，两者均会导致进口矶头的挑流作用发生强弱变化，从而使分汊段的主流摆动规律更加复杂。定性上可将主流做如下划分：开始在枯水汊内摆动，称为主流起摆流量 Q_{start}，此时摆幅较小；超过某级临界流量后，主流漫上江心洲滩的滩头区域，称为主流漫滩流量 Q_{beach}；超过某级临界流量后，主流进入洪水汊，称为主流易汊流量 Q_{trans}；汊内摆动直到主流停止摆动，称为主流止摆流量 Q_{lock}。

顺直分汊河型的上游多为单一河道，如南阳洲上游的道人矶水道、铁板洲上游的金口水道、太平口心滩上游的涴市弯道、白沙洲上游的沌口水道等，多年来河势稳定，因而进口矶头挑流作用强弱主要与不同量级下天然水流动力轴线的贴岸程度有关。例如嘉鱼水道护县洲(图3.3-2)，上游龙口水道深泓长期稳定，中小水期来流傍岸顶冲石矶头，石矶头强挑流作用

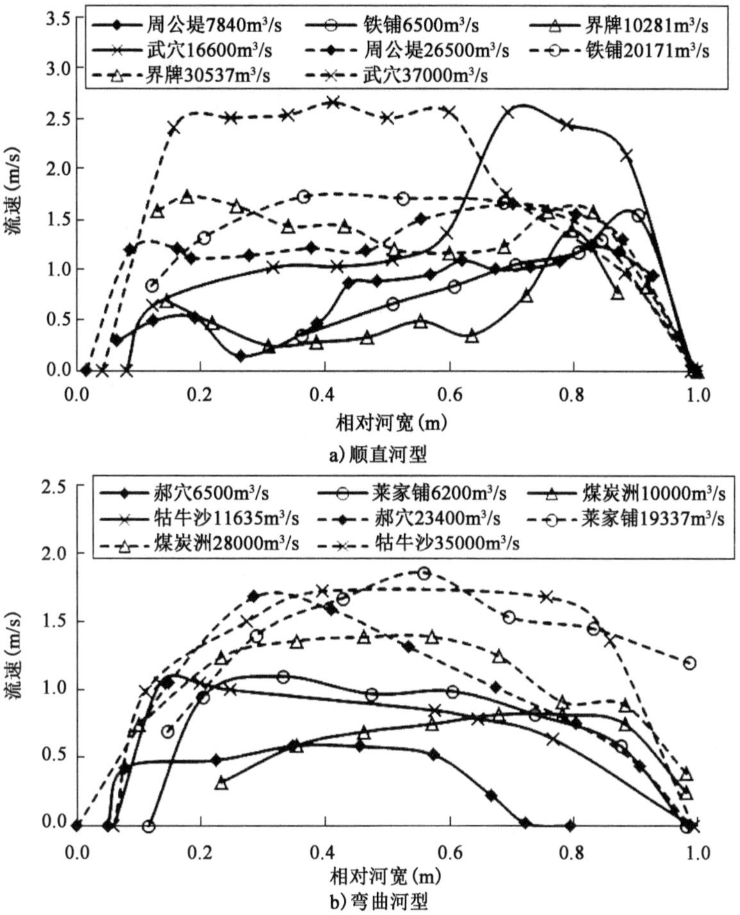

图 3.3-1　单一河型主流摆动特征流量

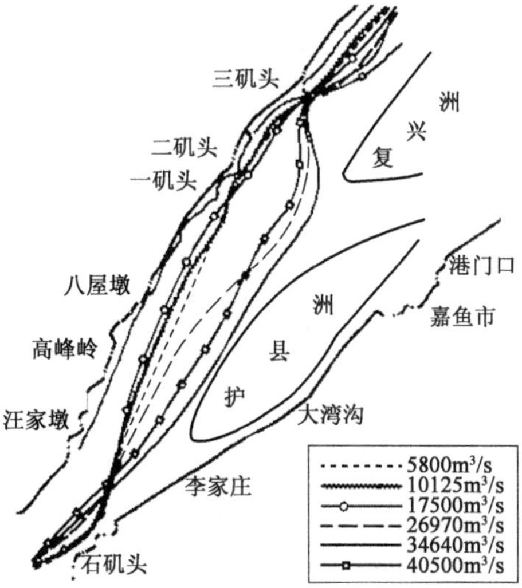

图 3.3-2　嘉鱼河段主流平面摆动图

将水流挑至左岸，顶冲汪家墩边滩；流量继续增大后，主流逐渐居中而摆脱石矶头挑流影响，此时左岸一、二、三矶头（统称宏恩矶）的强烈吸流作用开始将水流吸至左汊，而随着流量继续增大，主流又被宏恩矶挑回至河中心。再如太平口水道（图3.3-3），虽然无矶头挑流作用，但受流量增大、水流趋直影响，从枯水汊向河中江心洲摆动，漫过江心洲并易位至洪水汊，流量更大后到又摆回河中心。可见，顺直分汊河型的主流摆动规律为：流量超过 Q_{beach}后，受枯水汊侧矶头挑流或弯曲水流天然特性的影响，主流漫过洲头心滩，流量增大至 Q_{trans}后主流摆入洪水汊，增大至 Q_{lock}时主流基本摆回河心。以太平口、嘉鱼、人民洲作为代表河段，主流摆动特征流量下流速沿断面分布图见图3.3-4。

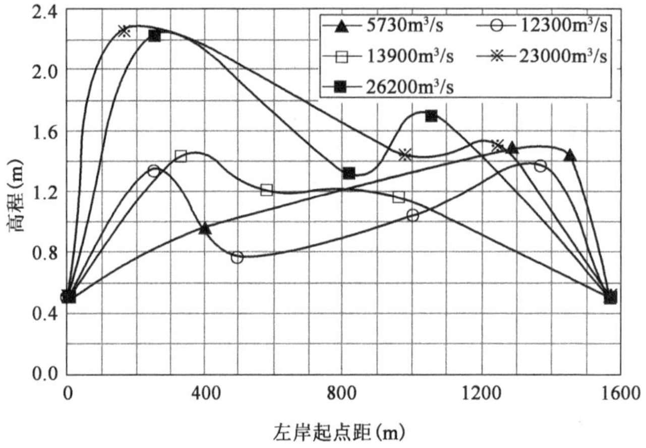

图3.3-3　太平口心滩流速分布图

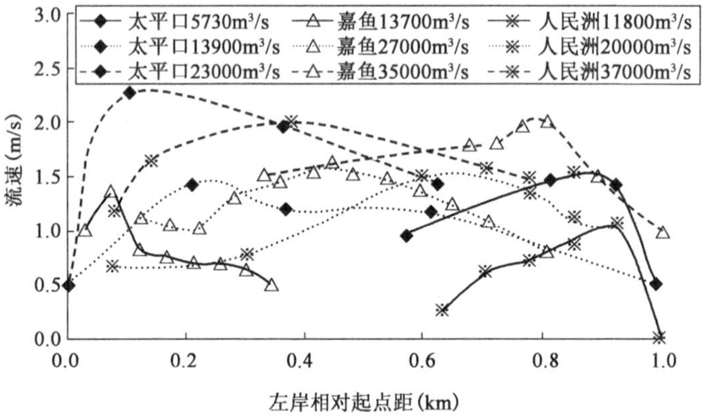

图3.3-4　顺直分汊起摆、漫滩、易汊流量流速分布

微弯分汊河型上游河势多单一稳定，马家咀、尺八口、德胜洲、鲤鱼山等上游河段分别为观音寺、熊家洲、沙洲、搁排矶等单一段，河势多年未变；同时，进口矶头挑流作用不及弯道水流特性强烈，主流摆动遵循流量越大、水流动力轴线曲率半径越大的规律，由深泓所在的凹岸汊向凸岸汊摆动（图3.3-5）。即便部分河段受到上游河势调整影响，发生主支汊易位，如戴家洲1958年后深泓一直稳定在直水道，2004年以来因上游巴河边滩消亡，圆水道才恢复主汊地位；再如天兴洲自20世纪60年代右汊发育为主汊以来，深泓始终稳定未变，但其调整的

时间尺度均在 40 年以上，可基本认为上游河势是稳定的。因此微弯分汊河型的主流摆动规律为主流超过 Q_{beach} 后，主流自枯水汊（凹岸汊）漫过洲头心滩，流量增大至 Q_{trans} 后摆至洪水汊或江心洲上，增大至 Q_{lock} 时主流基本停止摆动。以马家咀、尺八口、天兴洲作为代表河段点绘主流摆动特征流量下流速分布图如图 3.3-6 所示。

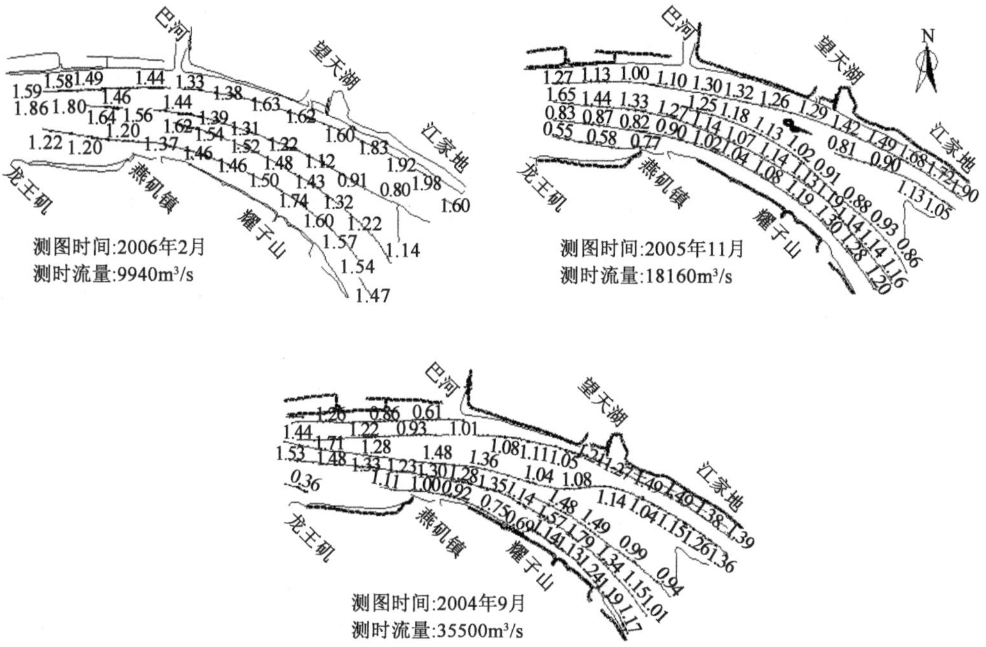

图 3.3-5　戴家洲不同流量下流速分布图

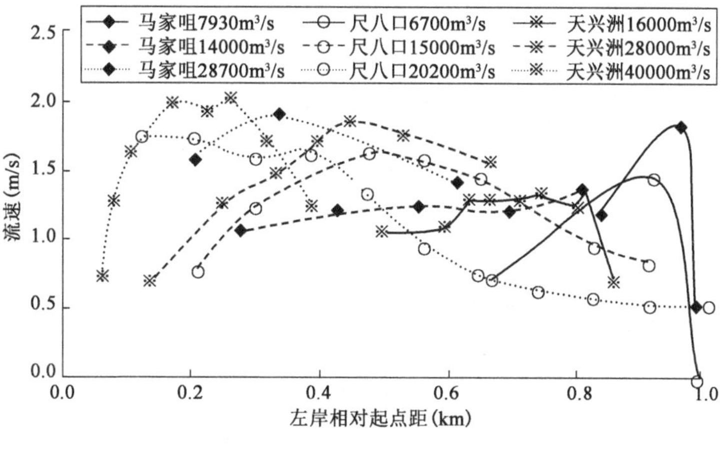

图 3.3-6　微弯分汊河型摆动特征流量流速分布

弯曲分汊河型以监利乌龟洲代表，矶头挑流能力增强，上游塔市驿弯道河势稳定，进口有西山矶头的挑流作用，凸岸有新河口边滩发育。如图 3.3-7 所示，主流摆动规律为：小水时主流开始在枯水汊(凸岸汊)内小范围摆动,称为 Q_{start};受流量增大、弯曲半径增大影响,流量超过 16100m^3/s(Q_{beach})后,主流漫上凸岸边滩;流量增加至 23000m^3/s 时,矶头(西山)挑流强度超过弯道水流惯性,主流被挑至乌龟洲头心滩及凹岸汊,该级流量称为矶头挑流临界流量 Q_{rocky};当流量超过 30800m^3/s 时主流在洪水汊内基本停止摆动,称为 Q_{lock}。

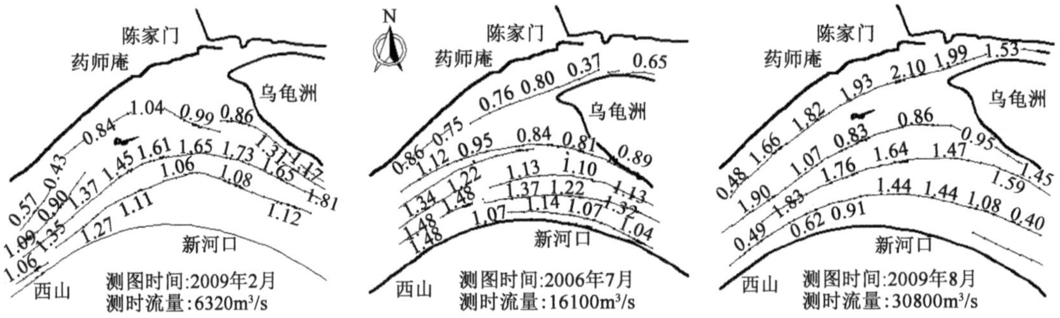

图 3.3-7　监利乌龟洲不同流量下流速分布图

鹅头型分汊段主流摆动规律与弯曲分汊相似,但矶头突出于岸线的幅度更大,因而当上游河势发生变化时,矶头挑流临界流量的变化更加敏感,应分开讨论。以往研究表明,上游新堤夹分流比不足 40% 时,陆溪口河段来流贴靠左侧腰口边滩,赤壁山挑流作用较弱(图 3.3-8);当新堤夹分流比超过 40% 后,来流顶冲赤壁山,挑流作用较强。相应地,主流由直港摆向中港的临界流量发生变化,如图 3.3-9 所示,赤壁山挑流作用较强时,Q_{beach}、Q_{rocky}分别为 12000m^3/s、15047m^3/s;赤壁山挑流作用较弱时,两者分别为 20500m^3/s、30000m^3/s。

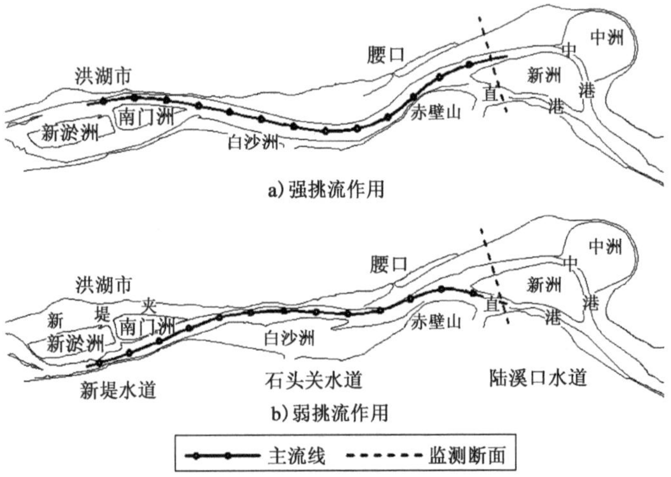

图 3.3-8　上游不同河势时陆溪口主流平面位置

团风东槽洲进口有泥矶的挑流作用,随着上游赵家矶边滩的冲淤消长,对泥矶的掩护作用时强时弱,主流的贴岸程度也有差异。如图 3.3-10 所示,当赵家矶边滩冲刷后退、倒套上延,甚至有切滩发生时,主流贴靠泥矶,泥矶强挑流作用将主流挑至心滩,促进心滩的冲刷和窜沟的发展,此时 Q_{beach}、Q_{rocky} 分别为 $18700\mathrm{m}^3/\mathrm{s}$、$25048\mathrm{m}^3/\mathrm{s}$(图 3.3-11)。当赵家矶边滩滩体完整,对泥矶形成掩护作用,削弱了泥矶的挑流能力时,主流进入深泓所在的右汊,遵循弯道水流运动规律,随着流量增大,先摆向凸岸人民洲边滩,直至挑流强度超过弯曲水流惯性力之后,再被挑至江心洲头及左汊,Q_{beach}、Q_{rocky} 分别为 $26187\mathrm{m}^3/\mathrm{s}$、$37356\mathrm{m}^3/\mathrm{s}$(图 3.3-11)。

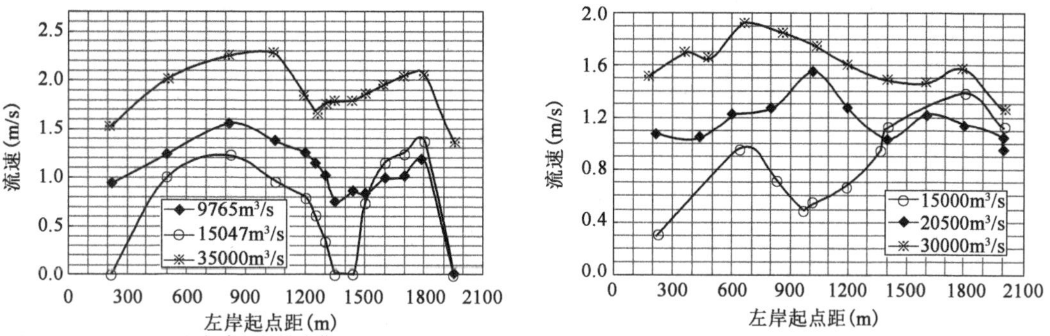

a)赤壁山强挑流作用　　b)赤壁山弱挑流作用

图 3.3-9　上游不同河势时陆溪口进口流速分布图

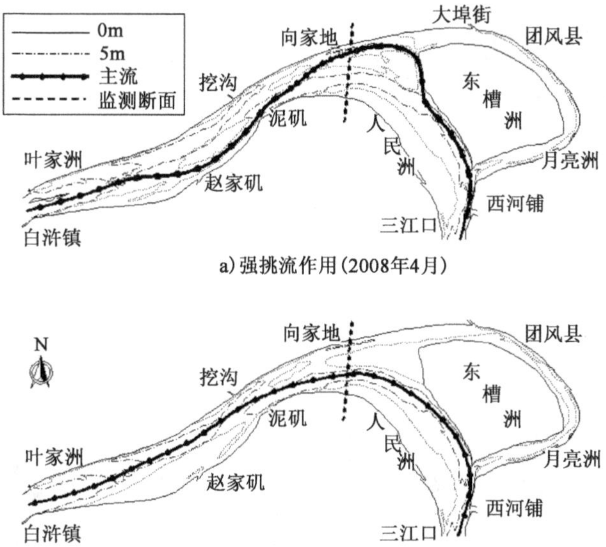

a)强挑流作用(2008年4月)

b)弱挑流作用(1992年6月)

图 3.3-10　上游不同河势时东槽洲主流平面位置

综上所述,按五种基本河型进行划分,给出长江中下游主流摆动各级特征流量区间的临界值,见图 3.3-12。其中上、下荆江不存在鹅头分汊,城汉河段不存在微弯分汊,而下荆江增设弯曲分汊;同时,城汉河段及汉湖河段的鹅头分汊的临界流量取值,分别讨论了两种典型的上游不同河势的影响。

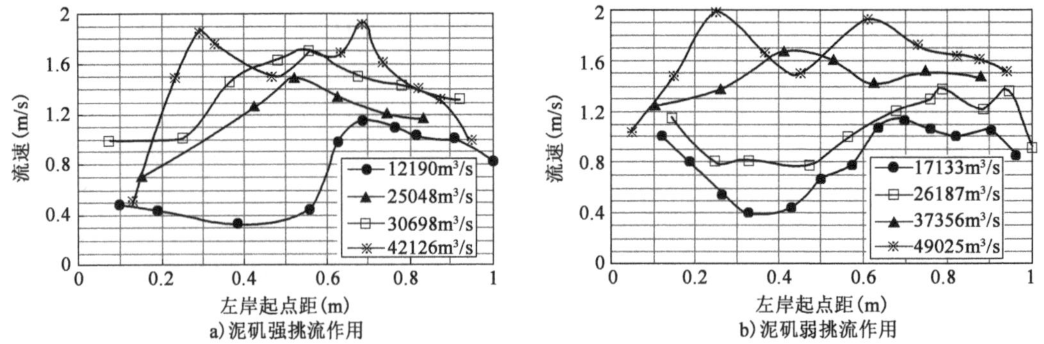

a)泥矶强挑流作用　　b)泥矶弱挑流作用

图 3.3-11　上游不同河势时东槽洲进口流速分布图

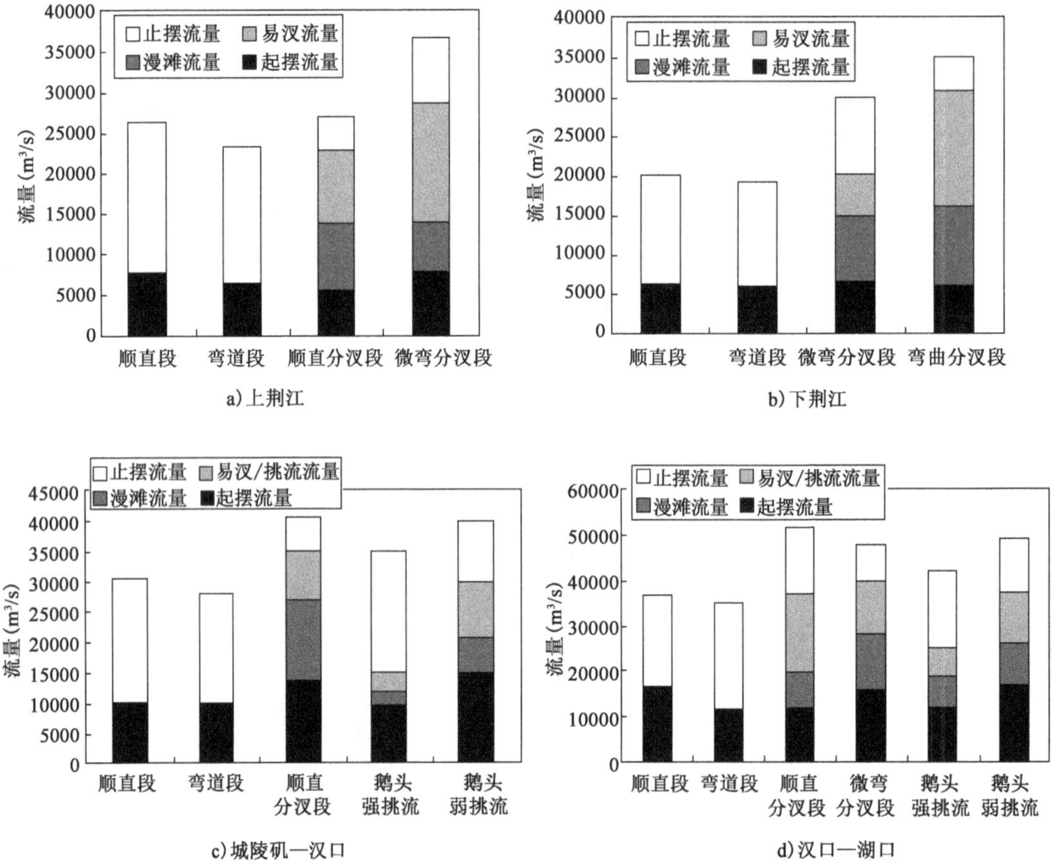

c)城陵矶—汉口　　d)汉口—湖口

图 3.3-12　长江中下游主流摆动特征流量图

3.3.2　河势稳定与流量过程关系

如图 3.3-13 所示，就同一河段内部而言，上、下荆江的顺直及微弯分汊段均遵循 $T_{起摆\sim漫滩} > T_{漫滩\sim易汊} > T_{易汊\sim止摆}$的规律，说明易汊～止摆流量区间内持续天数系列周期最短、超过临界天数的频率最高，河势调整现象将主要表现为洪水汊冲刷发展、崩岸，甚至主支汊易位等；城汉、汉湖河段的顺直及微弯分汊段 $T_{漫滩\sim易汊} > T_{易汊\sim止摆} > T_{起摆\sim漫滩}$，说明起摆—漫滩流量区间内来流条件的稳定性最低，其次为易汊—止摆，河势调整现象将主要为枯水、洪水交替冲刷为主，较少出现单向冲刷状态，因而主支汊易位较少发生，属于相对稳定分汊段；下荆江的弯曲分汊段 $T_{起摆\sim漫滩} > T_{易汊\sim止摆} > T_{漫滩\sim易汊}$，河势调整以江心洲头心滩冲刷切割为主；城汉、汉湖的鹅头型分汊段在强挑流作用下，$T_{漫滩\sim易汊} > T_{起摆\sim漫滩} > T_{易汊\sim止摆}$，河势调整以洪水汊冲刷崩岸为主；鹅头型分汊段在弱挑流作用下，起摆—漫滩流量区间内持续天数下列周期最短，可见此时河势调整现象主要为凸岸边滩的冲刷切割。

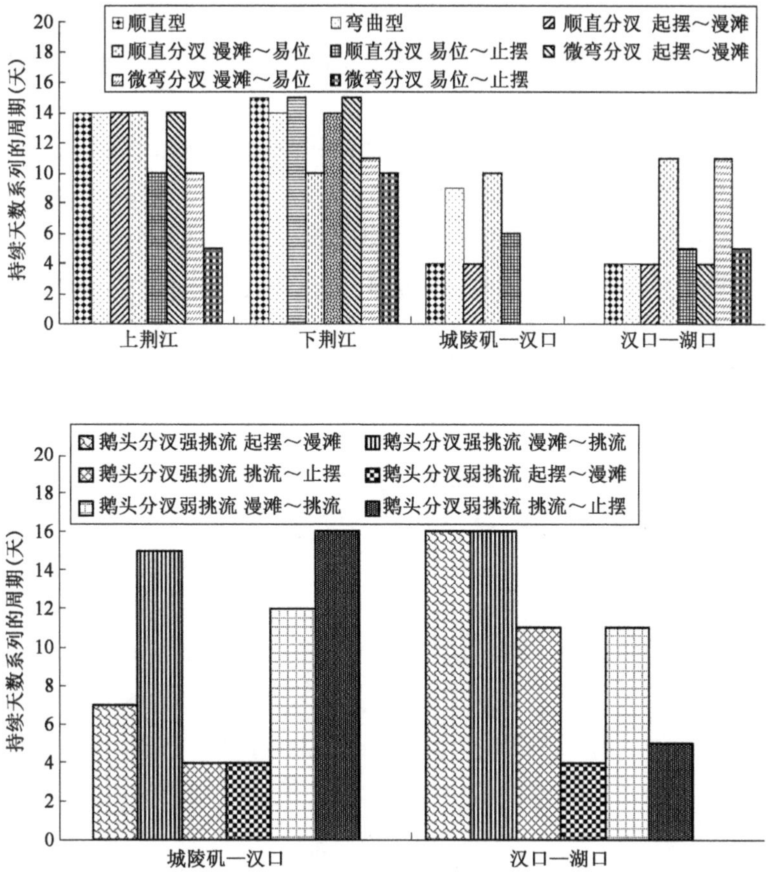

图 3.3-13　长江中下游主流摆动特征流量持续天数系列的周期

3.4　分汊河段稳定性的动力学机理

3.4.1　分汊河势单元演化的非线性理论

一般来说，分汊河势的流量历时相差较大[9-11]，洪枯水时期不同水位的推移质运动和悬移质运动是分汊河势单元演变的直接因素。影响分汊河势单元演变的主要因素可分为如下几种情况：

(1)水力强度很大时,使得两汊均满足床面泥沙起动条件,左右槽的推移质运动是各汊道演变的主要原因。

(2)水力强度中等时,一个汊道达到床沙起动条件,有推移质运动,河槽冲深或冲宽,汊道发展;另一汊道床沙则不起动,悬移质落淤,汊道退化。

(3)水力强度较小时,两汊床沙均不起动,分汊发展则取决于两汊的悬移质起悬或落淤的相对大小。

对于河床演变来说,其动力泥沙条件,是河床演变的主体因素。相对于河岸变迁、河流摆动、支汊演化这种长时间尺度的问题来说,局部河床变化是一个相对快速的过程。对于河势单元的上述三种情况,其内在各个影响因素间的非线性作用及其动力过程演化的非线性特征,是决定河势单元演化内在动力机制。如在强水流条件下,推移质运动因素决定河势单元的演变进程,其影响历时较短。河流整体演变是这种洪峰动床短历时变化,再经长期演变积累而形成类间歇变化历程。

因此,探求动床条件下的水力特征及其河相关系的非线性特征关系,是解释分汊河势单元动力演化的理论基础。

3.4.2 分汊河势单元演化的非线性动力理论

将分汊河势单元参数化,以参数代表其特征,如河湾弧长、宽度、弯曲度、变宽度等,这些影响参数可由河流非线性理论得到,白玉川[13]通过分汊河势单元演化的非线性理论,确定河段的弯曲、变宽影响参数。

1)支汊非线性动平衡理论基本方程

无量纲的连续方程:

$$\alpha\beta\frac{\partial Jv^1}{\partial s}+\beta\frac{\partial Jv^2}{\partial n}+\frac{\partial Jv^3}{\partial \xi}=0 \tag{3.4-1}$$

动量方程:

$$\alpha\beta v^1\frac{\partial v^1}{\partial s}+\beta v^2\frac{\partial v^1}{\partial n}+v^3\frac{\partial v^1}{\partial \xi}+\boldsymbol{\Gamma}_{11}^1v^1v^1+2\boldsymbol{\Gamma}_{12}^1v^1v^2$$

$$=h_s^{-2}IC_f-\alpha\beta Fr^{-2}\left(g^{11}\frac{\partial\tilde{\zeta}}{\partial s}+g^{12}\frac{\partial\tilde{\zeta}}{\partial n}\right)+\frac{\partial\tau^{13}}{\partial\xi} \tag{3.4-2}$$

$$\alpha\beta v^1\frac{\partial v^2}{\partial s}+\beta v^2\frac{\partial v^2}{\partial n}+v^3\frac{\partial v^2}{\partial \xi}+\boldsymbol{\Gamma}_{11}^2v^1v^1+2\boldsymbol{\Gamma}_{12}^2v^1v^2$$

$$=-g^{21}IC_f-\beta Fr^{-2}\left(g^{21}\frac{\partial\tilde{\zeta}}{\partial s}+g^{22}\frac{\partial\tilde{\zeta}}{\partial n}\right)+\frac{\partial\tau^{23}}{\partial\xi} \tag{3.4-3}$$

床面变形方程:

$$\frac{1}{J_h}\left(\alpha\beta\frac{\partial Q_{bs}}{\partial s}+\beta\frac{\partial Q_{bn}}{\partial n}\right)=0 \tag{3.4-4}$$

边界条件:

(1)床面边界条件:$\xi=0, v^1=v^2=v^3=0$。

(2)水面边界条件:$\xi=1, \tau^{13}=\tau^{23}=v^3=0$。

(3)近岸侧边界条件:$n=\pm 1, \overline{Q^2}=Q_{\mathrm{bn}}=0$。

(4)断面流量、输沙守恒:$\overline{\overline{Q}}{}^1=\mathrm{const}, \overline{Q}_{\mathrm{bs}}=\mathrm{const}$。

式中,逆变切应力$\tau^{i3}=\nu_t \dfrac{1}{h^2}\dfrac{\partial v^i}{\partial \xi}$。

水面高程分解为断面平均量和分布量:

$$\zeta=\bar{\zeta}+\tilde{\zeta}\ ;\quad \eta=\bar{\eta}+\tilde{\eta}$$

式中,上标"-"表示对 n 的平均量,上标"~"表示 n 的分布量。

坡降:$S(s)=S_{\mathrm{r}}I(s)=\alpha\beta\dfrac{\partial\bar{\zeta}}{\partial s}$,式中 I 为相对坡降系数。

沿程变化输沙通量:$Q_{\mathrm{bs}}=h_{\mathrm{n}}q_{\mathrm{bs}}$; $Q_{\mathrm{bn}}=h_{\mathrm{s}}q_{\mathrm{bn}}$。

断面平均流速通量(无量纲流量):$\overline{\overline{Q}}{}^i=\dfrac{1}{2}\displaystyle\int_{-1}^{1}\int_{0}^{1}Jv^i\mathrm{d}\xi\mathrm{d}n$。

横断面平均输沙通量(无量纲纵向输沙):$\overline{Q}_{\mathrm{bs}}=\dfrac{1}{2}\displaystyle\int_{-1}^{1}Q_{\mathrm{bs}}\mathrm{d}n$。

单宽推移质输沙公式的统一形式:

$$q_{\mathrm{bs}}=K_{\mathrm{qb}}R_{\mathrm{p}}^{l_{\mathrm{D}}}\left(\frac{\Theta_{\mathrm{s}}-\Theta_{\mathrm{cr}}}{\Theta_{\mathrm{cr}}}\right)^{m_1}\left(\frac{\Theta_{\mathrm{s}}}{\Theta_{\mathrm{cr}}}\right)^{m_2} \tag{3.4-5}$$

横向输沙通量:

$$\frac{Q_{\mathrm{bn}}}{Q_{\mathrm{bs}}}=\frac{J\tau^{23}}{J\tau^{13}}-\beta K_{\mathrm{G}}^{-1}\frac{h_{\mathrm{s}}}{h_{\mathrm{n}}^2}\frac{\partial\eta}{\partial n} \tag{3.4-6}$$

床面切应力参数[14](Vajn,1993):

$$T=\frac{\Theta_{\mathrm{r}}-\Theta_{\mathrm{cr}}}{\Theta_{\mathrm{cr}}};\quad a=\frac{\Theta_{\mathrm{r}}-\Theta_{\mathrm{cr}}}{\Theta_{\mathrm{r}}} \tag{3.4-7}$$

2)动平衡理论的参数

泥沙输移指数:Meyer-Peter-Müller 的推移质输沙公式:$m_1=1.5, m_2=0$;Vajn 的推移质输沙公式:$m_1=2.1, m_2=0$;Parker(1979)式中 $m_1=4.5, m_2=-3$。

横向输沙公式常用的有两个,分别由 Ikeda(1982,1988)和 Seminara(2009),Talmon(1995)提出,其表述形式分别为:

$$K_{\mathrm{G}}^{-1}=\frac{1+\dfrac{C_{\mathrm{L}}}{C_{\mathrm{D}}}\mu}{a\mu}\sqrt{\frac{\Theta_{\mathrm{r}}}{\Theta_{\mathrm{cr}}}};\quad K_{\mathrm{G}}^{-1}=\frac{r_{\mathrm{c}}}{\sqrt{\Theta_{\mathrm{r}}}} \tag{3.4-8}$$

式中参数[5-7]:Ikeda(1982,1988):$C_{\mathrm{L}}/C_{\mathrm{D}}=0.85$,泥沙休止角 $\mu=0.43$,系数 $a=0.59$;Talmon(1995):$r_{\mathrm{c}}=0.56$。

控制方程所涉 Lame 系数:

$$h_n(s) = \frac{B^*(s)}{B_r^*} = 1 + \alpha_w \sigma(s);\quad h_s(s,n) = 1 - h_n n \alpha_c \theta(s) \tag{3.4-9}$$

式中，宽差函数 $\sigma(s)$ 表示当地宽度 B^* 与河段平均宽度 B_r^* 之差的无量纲形式；偏角函数 $\theta(s)$ 与前两章定义相同；α_c、α_w 分别为偏角函数 $\theta(s)$、展宽函数 $\sigma(s)$ 的特征波数。

无量纲宽差函数 $\sigma(s)$ 和无量纲曲率函数 $c(s)$：

$$\sigma(s) = \frac{B^* - B_r^*}{B_r^*};\quad c(s) = -\alpha \frac{\mathrm{d}\theta}{\mathrm{d}s} \tag{3.4-10}$$

由控制方程可以看出，弯曲河流的动力特征直接受协变度量矩阵、逆变度量矩阵、第二类 Christoffel 张量等空间量影响，而这些张量是由宽长比 α、深宽比 β、偏角函数 $\theta(s)$、展宽函数 $\sigma(s)$ 这四个量（两个常量、两个沿程函数）决定。

协变度量矩阵和逆变度量矩阵：

$$[g_{ij}] = \begin{bmatrix} h_s^2 + (n\alpha\sigma_s)^2 & h_n n\alpha\sigma_s \\ h_n n\alpha\sigma_s & h_n^2 \end{bmatrix};\quad [g^{ij}] = \begin{Bmatrix} h_s^{-2} & -h_s^{-2}h_n^{-1}n\alpha\sigma_s \\ -h_s^{-2}h_n^{-1}n\alpha\sigma_s & h_n^{-2}[1 + (h_s^{-1}n\alpha\sigma_s)^2] \end{Bmatrix}$$

第二类 Christoffel 张量：

$$\boldsymbol{\Gamma}_{11}^1 = -\beta h_s^{-1}(h_n n\alpha^2\theta_{ss} + 2n\alpha^2\sigma_s\theta_s)$$

$$\boldsymbol{\Gamma}_{12}^1 = \boldsymbol{\Gamma}_{21}^1 = -\beta h_s^{-1}h_n\alpha\theta_s$$

$$\boldsymbol{\Gamma}_{11}^2 = \beta h_n^{-1}(h_s\alpha\theta_s + n\alpha^2\sigma_{ss}) + \beta h_s^{-1}n\alpha_w\sigma_s(n\alpha^2\theta_{ss} + 2h_n^{-1}n\alpha^2\sigma_s\theta_s)$$

$$\boldsymbol{\Gamma}_{12}^2 = \boldsymbol{\Gamma}_{21}^2 = \beta h_s^{-1}n\alpha^2\sigma_s\theta_s + \beta h_n^{-1}\alpha\sigma_s$$

Jacobi 行列式：

$$J = h_s h_n h;\quad J_h = h_s h_n$$

3）分汊河势单元动平衡理论摄动方法

控制方程（3.4-11）~方程（3.4-14）中共有 4 个参数：宽长比 α、深宽比 β、最大宽差 σ_m、最大曲率 c_m。σ_m、c_m、α 三者具有相同的量级，对应自然发展的河流，一般来说，宽长比 $\alpha = 0.01 \sim 0.1$，深宽比 $\beta = 0.01 \sim 0.1$。此时，方程的解 $\boldsymbol{X}(s,n,\xi)$ 可表述为：$\boldsymbol{X}(s,n,\xi) = \boldsymbol{X}_{ijk} r_i(s) g_k(n) f_k(\xi)$。

纵向分布函数 $r(s)$ 由边界特性决定，将其分为线性的 r_{Dp} 和非线性的 r_{Ds} 两部分，这两部分分别代表着河流的色散作用和耗散作用。

$$r_{Dpi} = [\sigma \quad -c \quad \alpha\sigma_s \quad -\alpha c_s];\quad r_{Dsi} = [\sigma^2 \quad -\sigma c \quad c^2] \tag{3.4-11}$$

式中，色散项的 r_{Dp1} 和 r_{Dp2} 为 α^1 的量阶，色散项的 r_{Dp3}、r_{Dp4} 以及耗散项的 r_{Ds1}、r_{Ds2}、r_{Ds3} 为 α^2 的量阶。r_{Dp1} 和 r_{Dp2} 分别与宽差函数 $\sigma(s)$ 和曲率函数 $c(s)$ 同频同相位；r_{Dp3}、r_{Dp4} 项与 $\sigma(s)$、$c(s)$ 同频，但有相位差；r_{Ds1}、r_{Ds2}、r_{Ds3} 包含 $\sigma(s)$、$c(s)$ 的倍频部分和沿程平均量。

横向分布函数 $g(n)$ 则由断面守恒条件和侧边界条件决定，其形式如下：

$$g_j = \left[1 \quad n \quad \frac{1}{2}\left(n^2 - \frac{1}{3}\right) \quad \frac{1}{2}(n^2 - 1) \quad \frac{1}{2}\left(\frac{1}{3}n^3 - \frac{1}{3}n\right) \quad \frac{1}{2}\left(\frac{1}{3}n^3 - n\right)\right] \tag{3.4-12}$$

不同的物理量其垂向分布函数$f(\xi)$不同,f_a、f_τ、f_u、f_v、f_w分别表示加速度、切应力、纵向分量、横向分量、垂向分量的分布函数,其相互关系为:

$$\begin{cases} f_{\tau k} = \int_1^{\xi} f_{ak} \mathrm{d}\xi \\ f_{uk} = C_f^{-1/2} \int_{\xi_0}^{\xi} N^{-1} f_{\tau k} \mathrm{d}\xi \\ f_{vk} = f_{uk} - K_{\zeta k} f_{uk} \\ f_{wk} = \int_{\xi_0}^{\xi} f_{vk} \mathrm{d}\xi \end{cases} \tag{3.4-13}$$

加速度分布函数f_a由动量方程中的各作用力(压力梯度、对流项和离心力项)的垂线分布决定,展开至α^2阶所涉及的f_a函数有:

$$f_{a1} = -1;\quad f_{a2} = f_{u1} f_{u1};\quad f_{a3} = f_{u1} f_{v1};\quad f_{a4} = f_{u1,\xi} f_{w1} \tag{3.4-14}$$

式(3.4-14)中,f_{a1}为基本流的驱动力:水面比降,其结果是产生基本流$v_{00}^1(\xi)$,这一分布即为我们常用的明渠流垂线分布公式;f_{a2}、f_{a3}、f_{a4}则分别从对流项和离心力项的v^1v^1、v^1v^2、v^1v^3中产生。

$$K_{\zeta k} = \bar{f}_{uk};\quad K_{\eta k} = C_f^{-1} \bar{f}_{ak} + \bar{f}_{uk};\quad K_{hk} = S_r K_{\zeta k} + K_G K_{\eta k} \tag{3.4-15}$$

式(1-15)中参数$K_{\zeta k}$、$K_{\eta k}$、K_{hk}分别为与$[\tilde{\zeta} \quad \tilde{\eta} \quad \tilde{h}]$横向分布相关。$K_{\zeta k}$、$K_{\eta k}$只由摩阻系数$C_f$决定。

方程解$\boldsymbol{X}$中的色散项$\boldsymbol{X}_{Dp}$的主要作用是,对物理量进行重分布,其与边界波动具有同频的特点,由于其基本函数r_{Dp}的沿程平均量为零,亦即色散项$\boldsymbol{X}_{Dp}$并不改变特征长度河段的动力特性;然而,耗散色散项$\boldsymbol{X}_{Ds}$的基本函数r_{Ds1}的沿程平均量显然不为零。耗散项$\boldsymbol{X}_{Ds}$的显然会改变特征长度河段的动力特性。

$$\bar{r}_{Dsi} = [\overline{\sigma^2} \quad -\overline{\sigma c} \quad \overline{c^2}] \tag{3.4-16}$$

式中,$\overline{\sigma^2}$、$\overline{\sigma c}$、$\overline{c^2}$分别为函数σ^2、σc、c^2的河段平均量。从数学意义上讲,$\overline{\sigma^2}$、$\overline{c^2}$为宽度函数$\sigma(s)$和曲率函数$c(s)$的方差,$\overline{\sigma c}$为$\sigma(s)$、$c(s)$的协方差。

4)动床条件下的河段耗散项

宽度变化引起的附加水深、比降、阻力参数为:

$$K_{h\sigma} = 3\left(\frac{a}{m} - 1\right)^2 + \frac{m-1}{m}\frac{a}{m} \tag{3.4-17}$$

$$K_{S\sigma} = \left(3\frac{a}{m}\frac{a}{m} - 3\frac{a}{m} + 1\right) - \frac{3}{2}\frac{m-1}{m}\frac{a}{m} \tag{3.4-18}$$

$$K_{\lambda\sigma} = \frac{3}{2}\left(3\frac{a}{m}\frac{a}{m} - 4\frac{a}{m} + 1\right) + \frac{3}{2}\frac{m-1}{m}\frac{a}{m} \tag{3.4-19}$$

弯曲变化引起的附加水深、比降、阻力参数为:

$$K_{\mathrm{hc}} = -\beta^2[K_{\mathrm{h2}}K_{\eta3} - (4 + 5K_{\mathrm{h2}})K_{\eta4}] - \frac{1}{3}\left(\frac{3}{4}K_{\mathrm{h2}}^2 - 5K_{\mathrm{h2}}\right) + \frac{1}{3}(K_{\mathrm{h2}} + 1)^2\frac{m-1}{a}$$

$$K_{\mathrm{Sc}} = \frac{3}{2}\beta^2[K_{\mathrm{h2}}K_{\eta3} - (4 + 5K_{\mathrm{h2}})K_{\eta4}] - \frac{1}{2}\beta^2[K_{\mathrm{h2}}K_{\zeta3} - (4 + 5K_{\mathrm{h2}})K_{\zeta4}] + \frac{1}{3}\left(\frac{3}{4}K_{\mathrm{h2}}^2 - 6K_{\mathrm{h2}} - 1\right) - \frac{1}{2}\frac{m-1}{a}(K_{\mathrm{h2}} + 1)^2 \tag{3.4-20}$$

$$K_{\lambda\mathrm{c}} = K_{\mathrm{Sc}} + 3K_{\mathrm{hc}} \tag{3.4-21}$$

3.4.3 河势单元演化理论在长江中游典型河段治理中的应用

1)分汊河势单元特征参数表达式

根据上一节“分汊河势单元演化的非线性理论”,得到如下参数表达式:

(1)河道水力参数随深宽比、弯曲、变宽的影响

$$\lambda = 8C_{\mathrm{f}}K_{\lambda};\quad K_{\lambda} = 1 + K_{\lambda\beta}\beta^{l_{\lambda\beta}} + K_{\lambda\mathrm{c}}\,\overline{c^2}^{\,l_{\lambda\mathrm{c}}} + K_{\lambda\sigma}\,\overline{\sigma^2}^{\,l_{\lambda\sigma}} \tag{3.4-22}$$

$$S = K_{\mathrm{s}}S_{\mathrm{r}};\quad K_{\mathrm{s}} = 1 + K_{\mathrm{S}\beta}\beta^{l_{\mathrm{S}\beta}} + K_{\mathrm{Sc}}\,\overline{c^2}^{\,l_{\mathrm{Sc}}} + K_{\mathrm{S}\sigma}\,\overline{\sigma^2}^{\,l_{\mathrm{S}\sigma}} \tag{3.4-23}$$

$$h = K_{\mathrm{h}}h_{\mathrm{r}};\quad K_{\mathrm{h}} = 1 + K_{\mathrm{h}\beta}\beta^{l_{\mathrm{h}\beta}} + K_{\mathrm{hc}}\,\overline{c^2}^{\,l_{\mathrm{hc}}} + K_{\mathrm{h}\sigma}\,\overline{\sigma^2}^{\,l_{\mathrm{h}\sigma}} \tag{3.4-24}$$

式中,第一项为顺直影响项,第二项为宽深比不同时岸壁阻力的影响项,第三项为弯曲阻力影响项,第四项为河道宽度伸缩变化的影响项。待定参数可由河流非线性理论导出,或经现场数据统计得到。

若采用前述非线性理论,$l_{\lambda\mathrm{c}} = l_{\lambda\mathrm{c}} = l_{\beta\mathrm{c}} = l_{\beta\mathrm{c}} = l_{\mathrm{hc}} = l_{\mathrm{hc}} = 1$,$K_{\mathrm{hc}}$、$K_{\mathrm{h}\sigma}$取决于摩阻系数 C_{f}和床面切应力参数 T,泥沙输移指数 m。

计算各汊的通过流量,可由该汊的实际水力落差 ΔH 和汊段长度 M,计算得汊段水力坡降 $S = \frac{\Delta H}{M}$,结合汊段的平面特征(深宽比 β、平均曲率$\sqrt{\overline{c^2}}$、平均变宽 $\sqrt{\overline{\sigma^2}}$)以及汊段坡降公式得到对应顺直河段的坡降 S_{r}:

$$S_{\mathrm{r}} = S[1 + K_{\mathrm{S}\beta}\beta^{l_{\mathrm{S}\beta}} + K_{\mathrm{Sc}}\,\overline{c^2}^{\,l_{\mathrm{Sc}}} + K_{\mathrm{S}\sigma}\,\overline{\sigma^2}^{\,l_{\mathrm{S}\sigma}}]^{-1} \tag{3.4-25}$$

(2)顺直河道的水深—坡降关系

希尔兹切应力:

统计了淤泥床面到卵石床面的平滩流量 Shields 切应力和河段坡降的关系,得出以下公式:

$$\Theta_{\mathrm{r}} = 1220R_{\mathrm{p}}^{-1}S_{\mathrm{r}}^{0.53} \tag{3.4-26}$$

变换可得:

$$\frac{h_{\mathrm{r}}}{d_{50}} = 1220(s_{\mathrm{p}} - 1)D^{-1}S_{\mathrm{r}}^{-0.47} \tag{3.4-27}$$

无量纲粒径:

$$D = d_{50}\left[(s_{\mathrm{p}}-1)g/\upsilon^2\right]^{1/3} \tag{3.4-28}$$

(3)顺直河道的摩阻系数(无量纲的 Chezy 系数)

顺直河道的摩阻系数公式(Engelund & Hansen,1967)

$$\begin{cases} C_{\mathrm{f}}^{-1/2} = 6 + 2.5\ln\left(\dfrac{h_{\mathrm{r}}}{2.5d_{\mathrm{s}}}\right) & \text{平整床面} \\ \left(\dfrac{\Theta_{\mathrm{r}}}{0.06+0.4\Theta_{\mathrm{r}}^2}C_{\mathrm{f}}\right)^{-1/2} = 6 + 2.5\ln\left(\dfrac{\Theta_{\mathrm{r}}}{0.06+0.4\Theta_{\mathrm{r}}^2}\cdot\dfrac{h_{\mathrm{r}}}{2.5d_{\mathrm{s}}}\right) & \text{沙垄床面} \end{cases} \tag{3.4-29}$$

(4)汊道流量

摩阻系数 C_{f}的物理意义为摩阻流速与平均流速之比,也可理解为底部切应力与惯性力之比:

$$C_{\mathrm{f}} = \frac{gh_{\mathrm{r}}S_{\mathrm{r}}}{u_{\mathrm{r}}^2} = \frac{gB_{\mathrm{r}}^2h_{\mathrm{r}}^3S_{\mathrm{r}}}{Q_{\mathrm{r}}^2} \tag{3.4-30}$$

由此可得流量公式:

$$Q = \frac{B_{\mathrm{r}}h_{\mathrm{r}}\sqrt{gh_{\mathrm{r}}S_{\mathrm{r}}}}{\sqrt{C_{\mathrm{f}}}} \tag{3.4-31}$$

式中,h_{r}、S_{r}、C_{f}可由前述方法求得。

2)分汊河势单元坡度比、分流比的确定

两汊的坡降比:

$$\frac{S_1}{S_2} = \frac{S_{\mathrm{r1}}}{S_{\mathrm{r2}}}\frac{1+K_{\mathrm{S\beta}}\beta_1^{l_{\mathrm{S\beta}}}+K_{\mathrm{Sc}}\overline{c_1^2}^{\,l_{\mathrm{Sc}}}+K_{\mathrm{S\sigma}}\overline{\sigma_1^2}^{\,l_{\mathrm{S\sigma}}}}{1+K_{\mathrm{S\beta}}\beta_2^{l_{\mathrm{S\beta}}}+K_{\mathrm{Sc}}\overline{c_2^2}^{\,l_{\mathrm{Sc}}}+K_{\mathrm{S\sigma}}\overline{\sigma_2^2}^{\,l_{\mathrm{S\sigma}}}} = \frac{M_2}{M_1} \tag{3.4-32}$$

$$\frac{S_{\mathrm{r1}}}{S_{\mathrm{r2}}} = \frac{M_2}{M_1}\frac{1+K_{\mathrm{S\beta}}\beta_2^{l_{\mathrm{S\beta}}}+K_{\mathrm{Sc}}\overline{c_2^2}^{\,l_{\mathrm{Sc}}}+K_{\mathrm{S\sigma}}\overline{\sigma_2^2}^{\,l_{\mathrm{S\sigma}}}}{1+K_{\mathrm{S\beta}}\beta_1^{l_{\mathrm{S\beta}}}+K_{\mathrm{Sc}}\overline{c_1^2}^{\,l_{\mathrm{Sc}}}+K_{\mathrm{S\sigma}}\overline{\sigma_1^2}^{\,l_{\mathrm{S\sigma}}}} \tag{3.4-33}$$

动床条件下的分流比:

$$\frac{Q_1}{Q_2} = \frac{C_{\mathrm{f2}}}{C_{\mathrm{f1}}}\sqrt{\frac{M_2}{M_1}}\frac{B_{\mathrm{r1}}h_{\mathrm{r1}}^{3/2}}{B_{\mathrm{r2}}h_{\mathrm{r2}}^{3/2}}\frac{K_{\mathrm{S2}}}{K_{\mathrm{S1}}} \tag{3.4-34}$$

3)分汊河段支汊稳定形态的理论确定示范

分汊河段可视为两股弯曲河段"并联"而成的复合河势单元。在分汊河道整治中,最重要的是判断哪支汊段呈发展趋势、哪支呈衰退趋势。本书从低曲折度河段的平面统计规律中发现,稳定的河势单元呈现固定的长宽比 L/B 或 M/B。

关于低曲折度河段的长宽比,Leopold and Wolman(1960)认为 $L/B=7\sim11$,Yalin(1992,2001)、Julien(2002)认为 $L/B=6$,不论如何,低曲折度河段确实在平面形态上形成了特定长宽比的河段。因此,可根据两汊段的长宽比是否处于或接近该稳定值来判断汊段是否稳定。

如图 3.4-1 所示的戴家洲分汊河段整治中,相对而言,自新洲头(930 断面)至刘家湾(920 断面)的右汊直河段长宽比更接近稳定值,为 6~7,为发展支汊;而左汊圆弧段非常细长,远达不到稳定长宽比，为衰减支汊。右汊为较好地稳定通航河槽，整治工程应堵左槽、促右槽。

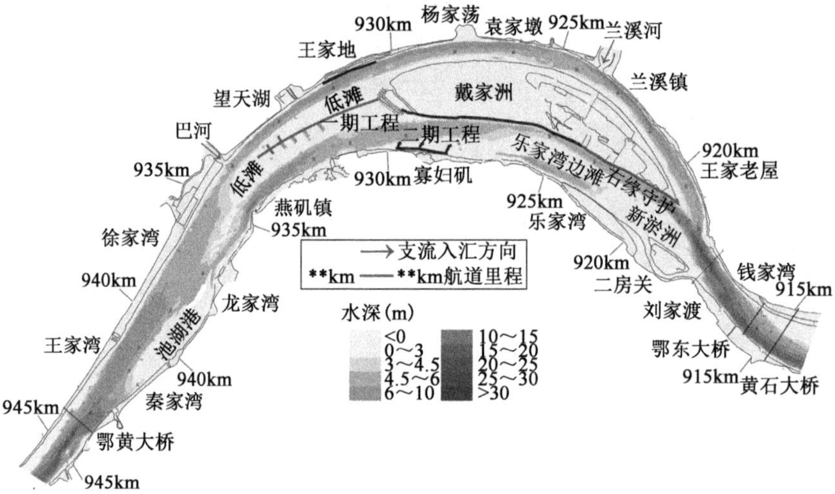

图 3.4-1　戴家洲分汊河段整治工程

与此同时，经过新洲头前的鱼骨坝加固工程以后，右汊直水道长宽比加大，会在两岸形成交替沙坝，因此在鱼骨坝加固的同时应注意直水道的边滩稳固。

河流形态与水流结构二者相辅相成，形态的起伏构成对水流的扰动，扰动后的水流又进一步塑造河流形态，直至稳定为止。根据现代紊流力学理论，紊流拟序结构由边界扰动发展而来，河流边界的弯曲、波动特征对水流内部扰动以及扰动发展后形成的涡体结构产生影响。我们有理由相信，河流的平面形态与水流的大尺度平面扰动相关。大尺度平面扰动作为一种最大的拟序结构，其产生与发展是河流地貌的内动力。

Yalin(1992,2001)曾提出过“水平猝法”的理念来解释河流的平面形态特征，但却并没有发展相应的理论支撑，白玉川结合拟序扰动稳定性理论，从拟序扰动与摆动边界的相互作用方面探讨河道稳定平面形态的成因。

4)拟序扰动的边界效应

Langbein and Leopold 认为河流最可能的流路为正弦派生曲线，其表述方程为 $\theta(s)=\theta_m\sin(2\pi s^*/M^*)$，其中，$s^*$ 为纵向坐标，θ 为轴线与 x^* 轴偏角，θ_m 为曲线与 x^* 轴的最大夹角，M^* 为曲线波长，见图 3.4-2。正交曲线(s^*,n^*)自然坐标系，s^* 坐标为河道中心线 $y_0^*=y^*(x_0^*)$，n^* 坐标垂直于河道中心线。

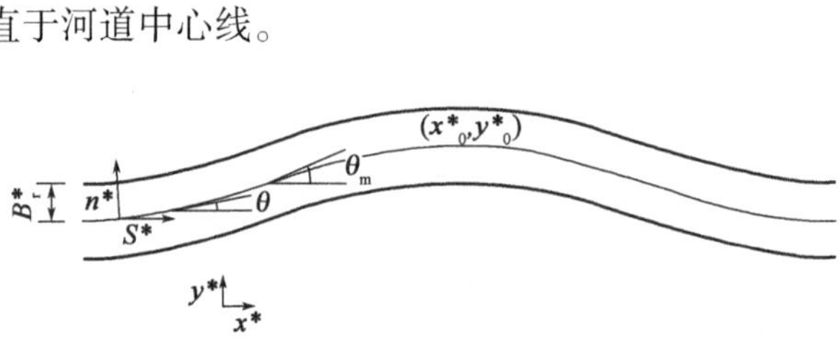

图 3.4-2　正弦派生曲线河槽平面示意图

长度尺度、速度尺度、时间尺度分别用半河宽 B^*、零阶基本流流速峰值 U_m^*、B_r^*/U_r^* 进行无量纲化；河道曲率用河道最大曲率 c_m^* 无量纲化，对于正弦派生曲线，$c_m^*=2\pi/M^*$。以上标

$*$ 表示有量纲的物理量,其关系式为:

$$(s^*,n^*) = B_r^*(\alpha^{-1}s,n);\quad c^* = c_m^* c;\quad (u^*,v^*) = U_m^*(u_s,u_n);$$
$$p^* = \rho^* U_r^{*2} p;\quad t^* = tB^*/U_r^* \qquad (3.4\text{-}35)$$

正弦派生曲线相关参数的无量纲参数:摆动波数 α_c,摆动角频率 ω_c,则有 $\alpha_c = 2\pi B^*/M^*$。一般来说,河道的摆动周期以百年(甚至更长的时间)来计,摆动频率很小,可近似认为 $\omega_c = 0$。

无量纲参数:弗汝德数 $F_r^2 = U_m^{*2}/g^* H^*$;河谷比降 S_r;摩阻系数 $C_f = F_r^{-2}S_r$。

无量纲曲率:$c(s) = \exp[i(\alpha_c s - \omega_c t)] + c_c$,无量纲参数:$\psi = \alpha_c\theta_m$,表示河道弯曲程度。

坐标变换的拉梅系数为:

$$h_s = 1 - \psi nc;\quad h_n = 1 \qquad (3.4\text{-}36)$$

无量纲形式的控制方程为:

$$h_s^{-1}\frac{\partial u_s}{\partial s} + \frac{\partial u_n}{\partial n} - h_s^{-1}\psi c u_n = 0 \qquad (3.4\text{-}37)$$

$$\frac{\partial u_s}{\partial t} + h_s^{-1}u_s\frac{\partial u_s}{\partial s} + u_n\frac{\partial u_s}{\partial n} - h_s^{-1}\psi c u_s u_n$$
$$= h_s^{-1}C_f - h_s^{-1}\frac{\partial p}{\partial s} + Re^{-1}\overline{\Delta}u_s - \psi Re^{-1}\left(2h_s^{-2}c\frac{\partial u_n}{\partial s} + \frac{\partial u_s}{\partial n} + h_s^{-2}\psi c^2 u_s\right) + \frac{\psi}{Re}\frac{\partial c}{\partial s}\left(h_s^{-3}n\frac{\partial u_s}{\partial s} - h_s^{-2}u_n\right)$$
$$(3.4\text{-}38)$$

$$\frac{\partial u_n}{\partial \tilde{t}} + h_s^{-1}u_s\frac{\partial u_n}{\partial s} + u_n\frac{\partial u_n}{\partial n} + h_s^{-1}\psi c u_s^2$$
$$= -\frac{\partial p}{\partial n} + \frac{1}{Re}\overline{\Delta}u_n + \frac{\psi}{Re}\left(2h_s^{-2}c\frac{\partial u_s}{\partial s} - h_s^{-1}c\frac{\partial u_n}{\partial n} - h_s^{-2}\psi c^2 u_n\right) + \frac{\psi}{Re}\frac{\partial c}{\partial s}\left(h_s^{-3}n\frac{\partial u_n}{\partial s} - h_s^{-2}u_s\right)$$
$$(3.4\text{-}39)$$

边界条件为:$n = \pm 1, u_n = 0, u_s = -\theta_m\omega_c nc$。

式中,u_s、u_n 为纵向和横向无量纲平均流速,拉普拉斯算子 $\overline{\Delta} = h_s^{-2}\frac{\partial^2}{\partial s^2} + \frac{\partial^2}{\partial n^2}$。

对于常见的宽浅河道,在平面二维方程中,主要的作用力有重力分量、压力梯度、平面切应力三项。由于垂向的流速梯度远大于其他两个方向,具体根据 Elder(1956),Engelund(1967)的理论,紊动黏滞系数可表示为 $\boldsymbol{v}_t^* = au_*^* H_r^*$,$a = 0.077$,摩阻流速 $u_*^* = \sqrt{g^* H_r^* S_r}$,$H_r^*$ 为平均水深。

类比紊流雷诺数,定义大尺度水流结构对应的惯性力(动量流 $-u_i u_j$)与底部摩阻引起的切应力之比为雷诺数 $Re = U_m B_r^*/\boldsymbol{v}_t^*$。

按照流体力学中处理紊流拟序结构的理论方法,方程的解 $\boldsymbol{F} = [u_s \quad u_n \quad p]^{\mathrm{T}}$ 分解为基本流解 $\boldsymbol{F}_\psi$ 与拟序结构解 $\boldsymbol{F}_{\mathrm{T}}$ 之和的形式,$\boldsymbol{F} = \boldsymbol{F}_\psi + \boldsymbol{F}_{\mathrm{T}}$。

微弯情况下,弯曲指数 ψ 为小量,对 $\boldsymbol{F}_\psi$ 进行摄动分解,只保留一阶摄动一次谐波量:

$$\boldsymbol{F}_{\psi} = \boldsymbol{F}_{\psi 0} + \psi \boldsymbol{F}_{\psi 1}\exp[i(\alpha_c s - \omega_c t)] + o(\psi^2) \tag{3.4-40}$$

式(3.4-40)中,第一项 $\boldsymbol{F}_{\psi 0}$ 为顺直项部分(ψ^0),对应 $\psi=0$ 时的顺直河道,$\boldsymbol{F}_{\psi 0}$ 为实数向量;第二项为一阶弯曲修正项,$\boldsymbol{F}_{\psi 1}=[u_{s\psi 1} \quad u_{n\psi 1} \quad p_{\psi 1}]^{\mathrm{T}}$,$\boldsymbol{F}_{\psi}$ 为复数向量。

正弦派生曲线型河道边界为波形边界,一阶基本流 $\boldsymbol{F}_{\psi 1}$ 是由边界摆动引起的波动量,这种波动量对于其内的水流结构稳定性和保持性有很大的影响,使河道内部既有流动的自然失稳,也有由于河道弯曲、摆动诱发的失稳,属于 Floquet-Lyapunov 问题的范畴。

在微弯情况下,拟序结构解包含边界扰动诱发的各次谐波成分,由于基本量 $\boldsymbol{F}_{\psi}$ 对(α_c,ω_c)取 ψ 一阶近似,根据 Floquet 理论,扰动解中包含 -1,0,1 次谐波量,式(3.4-41)应在 $m=\pm1$ 处截断,扰动量(复数向量)$\boldsymbol{F}_{\mathrm{T}}=[\hat{u}_{s\mathrm{T}} \quad \hat{u}_{n\mathrm{T}} \quad \hat{p}_{\mathrm{T}}]^{\mathrm{T}}$ 可表述为以下形式:

$$\boldsymbol{F}_{\mathrm{T}} = \varepsilon_{\mathrm{T}}\sum_{m=-1}^{1}\boldsymbol{F}_{\mathrm{T}m}\exp[i(\alpha_{\mathrm{T}}s - \omega_{\mathrm{T}}t) + im(\alpha_c s - \omega_c t)] + o(\varepsilon_{\mathrm{T}}^2) \tag{3.4-41}$$

由此可以看出,扰动增长率并不随摆动波长呈单调增大或减小,而是随着摆动波长从零(顺直河槽)逐渐增大的过程中,先增大,在此例中增大到约0.18时开始减小,减小至0.4左右,又开始增大(图3.4-3)。对于某一特定摆幅 θ_m 的河道,临界雷诺数与其摆动波数有关。摆动波数相对较大的长摆距区域[摆动波数 $\alpha_c \in (0,0.18)$],临界雷诺数随摆动波幅增大而减小,水流更不稳定。而在摆动波数相对较小的短摆距区域[$\alpha_c \in (0.18,0.4)$],则与长摆距区域趋势相反,临界雷诺数随摆动波幅增大而增大,水流更趋稳定(图3.4-4)。

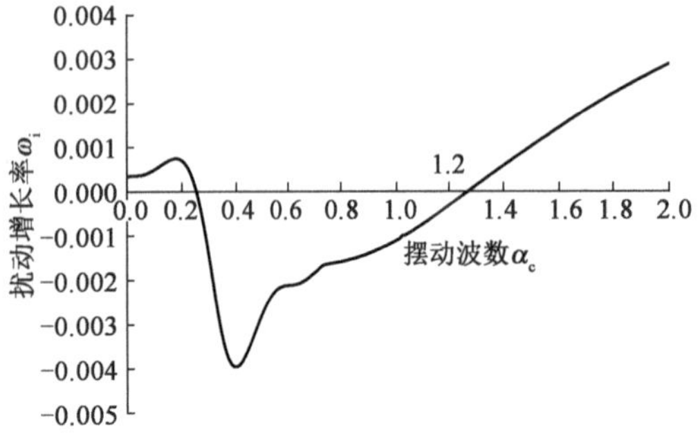

图3.4-3　扰动增长率随摆动波数的变化

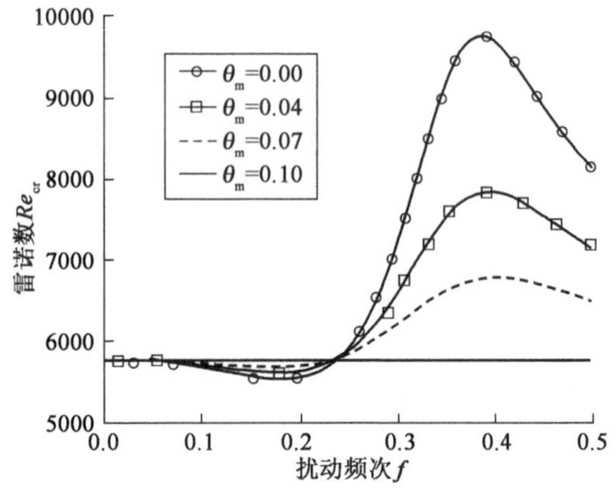

图3.4-4　临界雷诺数随摆动特征量的变化

5)弯曲河流和分汊河流支汊的稳定平面形态

最稳定波数 α_{cm} 随着摆幅 θ_m 增大而略有变化,$\alpha_{cm}=0.39\sim0.41$,其对应的河槽曲线长度与河宽比值 $M/B\approx7.66\sim8.05$,该"分汊河势单元演化的非线性理论"计算成果与 Leopold and Wolman(1960),Yalin(1992,2001)、Julien(2002)统计得到的弯曲河流波长与河宽关系($\lambda^*=aB^{*m}$,λ^* 为弯道直线波长,B^* 为河宽,指数 $m\approx1$)中 a 系数值(6~11)极其接近,这一理论成果指导了长江中游戴家洲分汊河段整治工程及长江下游江心洲—乌江多分汊河段整治工程。

3.5　河道总体演变及碍航特性

3.5.1　长江中下游河道演变特征

三峡水库蓄水后,改变了原有的水沙条件和过程,新水沙条件下长江中下游河道整体演变具体表现为:

(1)河势控制工程及航道整治工程作用下,近期高滩岸线总体定性有所增强,河势格局总体趋于稳定。

宜昌至河口河段大多位于冲积平原,河床及河岸可动性强,自然来水来沙条件下高滩岸线崩退较常见,随之而来的是河道形势的逐渐调整。三峡工程蓄水运用初期,由于贴壁冲蚀和坡脚淘刷,高滩自然岸坡的崩退更加普遍,特别是当上游河道局部主流摆动,导致下游顶冲位置发生变化后,下游河段部分贴流段岸线崩退异常剧烈。这些变化影响河势及航道条件的稳定,因此,近年来水利部门、航道部门陆续对大量高滩岸线进行了保护,使主流顶冲或深泓贴岸区域的岸线得到了有效保护,上述长距离大范围岸线崩退的现象基本消失,中高滩滩体稳定性有所增强。从目前河势变化情况及分析来看,整个宜昌至武汉河段的总体河势格局已逐渐趋于稳定,河道的走向及河型相对趋于固定,仅个别水道存在河道形势发生剧烈变化的可能。一是河势规划尚不明确、高滩守护工程尚未完善的河段,如熊家洲至城陵矶连续急弯河段,其弯道走向及水流流路仍处在自然发展变化过程之中,有可能出现“撇弯切滩”等河势剧烈变化现象;二是个别河道宽度较大、冲淤调整极为剧烈的分汊河段,如太平口水道,即使在河道两侧高滩岸线基本稳定的前提下,河道内滩槽形态的调整仍极为剧烈,江心洲的冲淤消长及主支汊的转化有可能在短期内迅速发生。

(2)滩槽冲淤变化剧烈,不同类型河段表现出不同的冲淤变化特点。

长江中下游及河口河段主要有弯曲、顺直、分汊三种河型,不同河道形态的演变特性存在差异。

对于弯曲河段,一般而言,表现为凹岸冲刷后退,河道展宽引起主流摆动,凸岸随之淤长,即凹冲凸淤;三峡蓄水以后的来沙量大幅度减小,中洪水期主流漫滩,在不饱和挟沙水流作用下,滩面受到冲刷,且难以淤还,受此影响,中枯水流路也逐渐向凸岸侧摆动,凹岸逐渐淤积,从而形成或快或慢的切滩撇弯趋势。如碾子湾、调关、反咀、尺八口等水道,从而形成或快或慢的切滩撇弯趋势。

对于顺直河段,在水流作用下两侧边滩平行冲刷下移为其固有变化规律。三峡工程蓄水后,清水持续冲刷的作用下,局部岸线崩退、边滩冲蚀,使得河道展宽、断面形态向宽浅或枯水双槽方向发展。一方面使得部分过渡段主流摆动空间,加剧了河道的滩槽的不稳定性;另一方面引起断面流速减小,加之三峡蓄水以后退水加快、河床粗化,退水过程中河道输沙能力减弱明显,部分顺直河段河心形成潜洲,滩槽格局趋于散乱。

对于分汊河段,双分汊较普遍,自然情况下随着河道内主流年内、年季的摆动,洲头洲尾冲淤、主支汊交替转换。三峡工程蓄水运用后,上述基本变化规律依然存在,但同时也表现出一定的新特点:一是不饱和水流的持续顶冲使得江心洲体稳定性大幅降低,江心洲冲刷、崩退较频繁,如太平口、金口等水道;二是位于中洪水流路上的汊道在中洪水长历时作用下出现了逐渐冲刷发展的迹象,汊道分流不稳定,如瓦口子、马家咀、天兴洲、九江等水道。

(3)砂卵石河段沿程冲刷剧烈,宜昌水位持续下降,卵石浅滩水深日趋紧张。

宜昌至大步街砂卵石河段紧邻三峡工程、葛洲坝下游,是受三峡工程影响最为直接、剧烈的河段。三峡工程蓄水后,砂卵石河段自上而下发生了剧烈的冲刷,至2012年底,总冲刷量达1.4亿m^3。受河床持续冲刷影响,沿程水位出现了明显的持续下降。首先,宜昌站枯水位较蓄水初期已经累计下降0.52m,处于维持葛洲坝三江下引航道枯水期正常运行的临界状态,若宜昌水位进一步明显下降,势必影响船闸的正常运行。其次,深槽区域的局部卵石河床高凸、难以冲刷下切,受沿程水位下降影响,水深有限,且随着下游沙质河床水位下降的上溯传递,卵石浅滩局部水浅问题还有可能随之加剧。如芦家河沙泓中段的卵石浅区,长期河床较稳定,对于3.5m航道水深而言,航道尺度处于极为紧张的状态,若沿程水位进一步下降,航宽、航深将更为有限。

3.5.2 长江中下游浅滩碍航特性

1)砂卵石河段

三峡水库蓄水运用后,随着来水来沙条件的变化以及河道冲刷调整,宜昌至大埠街砂卵石河段的航道条件也经历了变化过程,总体而言,近期砂卵石河段的碍航特性主要表现为局部淤沙浅滩、卵石浅滩水深有限、局部坡陡流急以及宜昌水位下降。

(1)宜昌枯水位(葛洲坝水利枢纽三江航道水位)下降

坝下砂卵石河段的航道问题中,密切关注宜昌枯水位,其实质是关注与其紧邻的上游葛洲坝水利枢纽三江航道水位,三江航道水位由庙咀站描述。宜昌站的水位资料延续性较好,因此一般分析宜昌站水位变化过程来了解庙咀站水位变化过程。由于高程系统使用的历史习惯原因,庙咀站采用吴淞高程系统,宜昌站采用冻结吴淞高程系统,对此,以下不再做特别说明。根据《三峡(初期运行期)——葛洲坝水利枢纽梯级调度规程》(2007年修订本),在三峡工程初期运行期,葛洲坝水利枢纽三江航道最低通航水位为38.50m。为改善通航条件,有关部门将三江通航最低水位提高至39.0m,因此目前三峡水库枯季调度的主要目标是保证庙咀站的水位不低于39.0m。庙咀站位于宜昌站上游2.2km处,处于葛洲坝水利枢纽下游的三江航道出口处。要保证庙咀水位达到39.0m,在当前下泄枯水流量下(例如当流量为5500m^3/s时),宜昌站的水位必须达到39.18m。但是,宜昌同流量的枯水位在三峡蓄水前和蓄水后都呈下降趋势。三峡蓄水后试验性蓄水期宜昌同流量枯水位下降幅度显著超过2003—2008年期间。三峡蓄水后至今,宜昌站5600m^3/s流量的枯水位已由2003年的39.71m下降至2012年的39.24m,距离39.18m仅余0.06m。2012年12月4日,宜昌站出现年最低瞬时水位39.19m,此时长江流量为5530m^3/s,庙咀相应瞬时水位为39.06m,2012年12月5日,庙咀瞬时最低水位达到38.96m,虽然持续时间很短,并未出现不满足葛洲坝三江航道通航要求的水情,但显然,宜昌水位的枯水位下降已经使得庙咀水位接近临界状态,如果宜昌水位继续下降,在维持当前下泄枯水流量的条件下,庙咀水位低于39.0m的情况将不再是瞬时状态。

(2)浅滩碍航

从三峡蓄水以来河道水深变化情况来看,特别是试验性蓄水期以来,宜昌至大埠街河段存在4处浅点,分别是芦家河水道沙泓进口鸳鸯港浅区、沙泓中段天发码头浅区、枝江上浅区、江口水道吴家渡过渡段浅区。根据浅滩的成因,将宜昌至大埠街河段的浅滩分为淤沙浅滩与卵石浅滩。其中芦家河水道沙泓进口鸳鸯港浅区和江口水道吴家渡过渡段浅区为淤沙浅滩，而芦家河水道沙泓中段天发码头浅区和枝江上浅区为卵石浅滩。

①卵石浅滩。对于卵石浅滩而言，其航道问题主要表现为：卵石河床高凸、难以冲刷下切，致使局部水深有限、航宽不足，甚至出现局部流速比降过大的恶劣流态，且随着下游沙质河床水位下降的上溯传递，局部水浅问题还有可能随之加剧。芦家河沙泓中段天发码头一带，河床“高坎”的底质为卵石胶结层，抗冲性较强，航槽地形变化较小，根据 150m 宽度内水深核查情况，芦家河水道沙泓最浅处仅能勉强维持 3.5m × 150m 的尺度。枝江上浅区，河床组成为卵石，因为早前砂石乱采滥挖活动将大量弃石堆积于航槽边缘，侵占了有效航宽，造成航宽不足，由于弃石粒径大，乱石堆形态位置均较为固定，目前枝江上浅区已进行了清障，暂可维持 4.0m 水深。

②淤沙浅滩。三峡工程蓄水以前，由于汛、枯期流路不一致，导致汛期泥沙淤积，汛后泥沙冲刷不及时，从而给航道带来一定影响。三峡工程蓄水以来，由于上游来沙锐减，汛期淤积量有所减少，河床刷深，航道问题得到了一定的缓解。但随着河道冲刷引起边、心滩的冲退或萎缩、支汊的发展，使得淤沙浅滩区域水流进一步分散，加之河床的粗化及汛后退水加快，使得汛后水流挟沙能力降低，淤沙浅滩汛后水浅的问题再度出现。芦家河水道的沙泓进口是典型代表。蓄水初期，由于汛期来沙量锐减，沙泓的淤积较少，汛后不仅能迅速恢复，甚至还有冲刷，当时的洲滩也相对稳定，碛坝头部的冲刷后退的影响尚未显现，因此蓄水前青黄不接的航道问题明显好转。但随着试验性蓄水期以来关洲左汊和石泓冲刷发展，沙泓进口浅区已呈现累积性小幅淤积的趋势，并且对航道条件已产生不利影响。

③坡陡流急。三峡水库蓄水之前，芦家河沙泓存在着坡陡流急的航道问题。三峡蓄水后，芦家河水道的坡陡流急依然存在，5000m^3/s 左右流量时，天发码头附近 400m 范围内比降可达 7‰以上，最大流速可达 2.8m/s 以上，且由于沙泓中段地形基本保持稳定，坡陡流急的局面也保持稳定。175m 试验性蓄水之后，当流量在 6000m^3/s 左右时，天发码头附近的陡比降仍是十分突出的，在 8‰左右。从局部比降与流量的关系来看，局部比降随着流量的降低而增大，因此芦家河沙泓中段局部落差和比降虽然变化不大，年际间存在一定的波动，但实际上，考虑到试验性蓄水以后本河段最枯流量已经显著增加，因此同流量的局部比降已经增大，只是由于流量增加才使得局部比降的数值基本稳定。枝江水道进口段也存在较为突出的大比降现象，枝江流量在 6500m^3/s 时，其比降相对较大，为 4.0‰左右，比降变幅年际间存在一定的差异。

2）沙质河段

沙质河段浅滩航道条件与洲滩的稳定密切相关，对于不同类型的河段，其碍航特性存在着较大差别。三峡蓄水后，洲滩冲刷、岸线崩退、支汊冲刷，局部河段向宽浅方向发展，主流摆动空间增大，在分汊口门、弯道段及两弯道之间的长直或放宽过渡段的航槽不稳定性加大，易造成浅滩水深不足。

（1）弯曲河段

由于三峡水库蓄水后中枯水流量增大，造成主流位置偏向凸岸，同时，由于来沙急剧减少，水流沿程呈不饱和状态，汛期洪水水流流经凸岸边滩时，边滩被冲刷，汛末又难以回淤，两方面因素的共同作用结果是：凸岸边滩存在着冲刷甚至是切割，同时凹岸深槽淤积。弯道段凸冲凹淤的变化一方面对自身航道条件产生不利影响,如熊家洲至城陵矶急弯段出现多槽争流态势,武汉以下的湖广水道赵家矶边滩、牯牛沙边滩等均表现为冲刷萎缩趋势;另一方面,对上、下游航道条件产生不利影响,如莱家铺弯道凸岸的冲刷变化将加剧下游放宽段的淤积,碾子湾凸岸冲刷造成主流下挫、威胁已有整治建筑物的稳定,尺八口弯道的变化一定程度上加剧上游河段过渡段浅区交错的态势。

(2)分汊河段

蓄水后分汊河段航道的主要控制边界如江心洲洲头的冲刷后退及边滩的萎缩,造成分流处河道展宽、水流摆动空间增大,影响航槽位置及水深的稳定,太平口水道是出现这一类变化的典型河段,其下段三八滩蓄水以来逐年萎缩,腊林洲边滩高滩部分崩退、低滩部分冲刷后退,对北汊通航条件造成了极为不利的影响;同时,滩槽周期性变化,在滩槽形态不良时期易在汊道口门、放宽段、过渡段等处形成浅滩碍航。对于顺直分汊段而言,由于有限的放宽率往往使得心滩狭长而且低矮,稳定性较差,加上上游河势调整的影响,三峡工程蓄水以前容易出现心滩周期性的左右移动并与左右岸的边滩相连,在心滩移动、航槽移位的过程中,常常是两侧通航条件较差,没有固定的航槽。如燕子窝水道的心滩在1995年还与左岸边滩相连,右槽为枯水期航槽所在,至1999年右岸边滩淤长并与右移的心滩相连,航槽又移至北槽;类似的现象还有界牌河段新淤洲头与其上游左右侧边滩的周期性淤并,杨林岩河段南阳洲头部与其上游左侧边滩的周期性淤并。但在蓄水以后,由于来沙大幅度减少,还滩能力受到削弱,心滩受冲不稳定的同时,并滩过程很难发生,以致滩槽格局趋向散乱,航道条件更趋不稳。对于弯曲型和鹅头型分汊河段而言,江心洲相对高大,蓄水以前存在或长或短的演变周期,这种周期始于低矮心滩或者江心洲的切割,止于稳定江心洲的再次形成。各演变时期,浅滩都会出现碍航,仅碍航的程度不同,主支汊易位期间航道条件最为恶劣。与顺直型分汊段类似的是,三峡工程蓄水以后,弯曲型和鹅头型分汊河段江心洲崩退,洲头低滩萎缩较为普遍,但这些不利变化是受来沙大幅度减少的影响而发生的,其趋势很难扭转,部分河段一度出现了航道条件的急剧恶化,如窑监河段等,在实施工程后才得以扭转。

(3)顺直河段

三峡工程蓄水运用后,顺直河段总体较稳定,但崩岸使局部河道展宽,一方面使得部分过渡段主流摆动空间,加剧了河道的滩槽的不稳定性;另一方面引起断面流速减小,加之三峡蓄水以后退水加快、河床粗化,退水过程中河道输沙能力减弱明显,部分顺直河段河心形成潜洲,滩槽格局趋于散乱。如斗湖堤水道,过去一直是顺直单一、河道窄深的优良河段,三峡工程蓄水运用后,由于河道左岸南星洲尾高滩岸线崩退、河道展宽,引起主流摆动,导致河心形成潜洲,航道条件恶化;又如大马洲水道,受三峡及上游河势变化的双重影响,水道左岸下段岸线崩退、右侧丙寅洲冲刷,其出口河心目前也开始发育潜洲。此外,莱家铺水道也有这种趋势,其放宽段无明显主流流路,退水过程中的流速降低造成挟沙能力减少,且床沙平均中值粒径增粗,床沙粗化将进一步减弱浅区的挟沙能力。因此,在此基础上,这些顺直段崩岸一旦发生,河道展宽将进一步削弱水流的挟沙能力,断面形态将趋向宽浅。

3.6 本章小结

(1)三峡大坝下游河床整体为冲刷趋势,试验蓄水期以来宜昌—枝城和下荆江河段单元河长冲刷强度为减小趋势，上荆江、城陵矶—湖口河段为增加趋势，强冲刷区域下移约80km；三峡水库蓄水前坝下游宜昌—城陵矶河段为“冲槽淤滩”的演变特点，蓄水初期坝下游宜昌—枝城、上荆江和下荆江河段冲刷集中在枯水河槽，试验性蓄水后集中程度有所增加，低滩和高滩也有冲刷，其冲淤量占平滩河槽的比例有所减小；三峡水库蓄水前城陵矶—湖口河段为“冲槽淤滩”的演变特点，2003—2008年期间城陵矶—汉口河段为“冲槽淤滩”的演变特点，与蓄水前相一致，2008—2014年期间转为“滩槽均冲”，受航道整治工程影响高滩略有淤积，汉口—湖口河段在2003—2008年期间呈现“深槽和低滩冲刷、高滩淤积”的演变特点，2008—2014年期间深槽冲刷，高、低滩位淤积趋势，淤积集中在低滩部分。

(2)长江中下游河势稳定性影响因素决定于两岸边界条件、水沙条件、上游河势调整影响三方面，河势稳定性归根结底取决于深泓的稳定，即深泓的摆动幅度、摆动时长及摆动频率；深泓摆动幅度首先决定于两岸边界条件的约束能力，实测资料表明，两岸地质组成抗冲能力越强、护岸工程方量越大、节点控导能力越强，则平滩河宽越小、河势越为稳定；不同河型不同位置的节点作用不同：单一河型的节点均起导流作用；分汊河型的进口节点起挑流作用，出口节点起控导作用，鹅头分汊段缺失出口节点导致放宽程度和曲度均较大；分汊河型主流受来流条件变异、上游河势调整以及进口矶头挑流作用的影响，摆动规律较为复杂：顺直分汊主要受进口矶头挑流影响，微弯分汊主要受弯道水流特性影响，弯曲分汊兼顾二者影响；鹅头分汊又因上游河势变化导致矶头挑流作用强弱不同，而分开讨论了主流摆动临界流量值；某级特征流量持续天数的周期越短，则超过洲滩变形临界天数的频率越高，河势调整越剧烈，这点被实际河演现象所证实；城陵矶以上的单一河型及城陵矶以下的顺直或微弯分汊河型的周期较长，因而相应河段体现为周期更长、河势更为稳定的河型。

(3)运用分汊河势单元演化的非线性理论及数值模型，解释了长江中下游分汊河段汊道的稳定性。分汊河段可视为两股弯曲河段“并联”而成的复合河势单元。在分汊河道整治中，最重要的是判断哪支汊段呈发展趋势，哪支呈衰退趋势。从低曲折度河段的平面统计规律发现，稳定的河势单元呈现固定的长宽比L/B或M/B，并在戴家洲河段、江乌河段进行了检验及应用。

参考文献

[1] 许全喜.三峡工程蓄水运用前后长江中下游干流河道冲淤与规律研究[J].水力发电学报,2013,32(2):146-154.

[2] Dai Zhijun, Liu T James. Impacts of large dams on downstream fluvial sedimentation: An example of the Three Gorges Dam (TGD) on the Changjiang (Yangtze River) [J]. Journal of Hydrology, 2013(480):10-18.

[3] 李义天,唐金武,朱玲玲,等.长江中下游河道演变与航道整治[M].北京:科学出版社,2012.

[4] 屈贵贤.长江下游大通—江阴段近五十年河床演变特征及其原因分析[D].南京:南京师范大学,2014.

[5] 范北林,李健,周银军.长江科学院河流专业研究进展综述——以《长江科学院院报》30

年来发表的论文为例[J].长江科学院院报,2014(10).
[6] 李键庸.长江大通—徐六泾河段水沙特征及河床演变研究[D].南京:河海大学,2007.
[7] 刘晓芳.分汊型河流河道形态演变机理分析[D].北京:中国科学院大学,2014.
[8] 贺巧宁.基于GIS的河床演变断面分析方法体系研究[D].南京:河海大学,2007.
[9] 燕京,徐锡荣,缑文娟.长江八卦洲汊道水沙特性与治理[J].河海大学学报(自然科学版),2010(3).
[10] 徐锡荣,臧英平,仲跻文,等.长江新济洲汊道演变与整治[J].河海大学学报(自然科学版),2010(4).
[11] 刘亚,汪飞,李义天.长江中下游鹅头型汊道航道整治目标河型研究[J].水利学报,2015(4).
[12] 白玉川,冀自青,徐海珏.窄深型河湾多尺度紊流拟序结构动力稳定与自适应特征研究[J].中国科学,2012,42(11):1264-1273.

第4章　长江中下游分汊段引导恢复技术的构建

4.1　通航主汊道的选择

航线选择是航道整治工程设计中的核心,因为它的确定将派生和决定航道整治工程的总体平面布局,而布局的合理性是工程成败的关键。通航主汊道的选择问题,实质为分汊河段的航线选择问题,远较单一河槽河型航线规划复杂[1]。

通航主汊道选取的普适原则为“分水多、分沙少”,并呈现冲刷发展的汊道,但实际工程中这一汊道很难长期满足,若选取不当,可能导致工程达不到预期效果,同时还可能对后续的航道规划产生影响。依据长江中下游河床演变、碍航特性及外部环境的制约,通航主汊道选取原则主要参阅如下几点:

(1)航道治理河段近期枯水期通航主汊地位未发生变化,若两汊的分流比相差较大时,尽管支汊由于三峡水库蓄水后中枯水流量持续时间增加,得到一定的冲刷发展,但主汊的枯水期分流比仍占明显优势,即通航主汊道仍沿用以往通畅的主汊道,并采取措施稳定汊道格局或限制支汊的进一步发展,塑造主汊目标河型,使得航道条件维持相对稳定,如长江中下游的天兴洲水道、马阻水道、九江水道、东北水道、张家洲南水道、窑监河段等。

(2)航道治理河段近期出现过主支汊易位现象[2],且两汊近期的分流比接近,目前航道情况仍存在主支汊易位的可能,但其中一汊道的发展速度相对快于另一汊道,结合上游河段的河势变化,初步确定通航主汊道,再依据历史时期两汊河型发展历程,寻求目标河型,如河型由多次过渡向一次过渡转换的戴家洲河段。多级分汊的江乌河段、东流水道等,近期均出现主汊和支汊的易位现象,且多级分汊,主航道难于选择,则需通过历史时期航道条件核查,寻找最佳通航主汊道航路,结合模型试验与计算成果,确定枯水期通航主汊道和规划航路。

(3)外部环境制约较大的河段,通航主汊道的选取受制于外部环境的影响,如沙市河段,受制于长江沙市大桥通航控的限制。同时,由于水流条件较差也不能选取发展的汊道,如马当南水道左槽,虽处在发展之中,但由于受到出口马当矶影响,只能选取右槽作为主通航汊道。

4.2　分汊河段洲头水流分布特性及分流面

4.2.1　洲头分流区水流分布特性

通过数值模拟计算及物理模型试验,对分汊河段洲头水流分布特性进行了分析,较全面地揭示了洲头附近水流运动规律。研究表明,戴家洲洲头的流向变化明显受制于洲头河段的地形和两汊地形变化以及两汊的阻力对比关系等因素(图4.2-1)。

(1)当汉口站流量在20000m^3/s以下时,戴家洲洲头水流明显左偏,且流量越小,左偏角度越大。这是基本顺直河势下的来流在受到下游弯曲河势的影响以及直水道流量通过能力受限的条件下产生的现象,这种偏转现象可能与直水道洪水期塑造的地形形态及在落水期水流难以形成贯通良好的深槽密切相关。同时，偏转的水流对戴家洲洲头潜洲将产生一定的冲刷作用。另外，由于偏转的水流受戴家洲洲头地形的影响，更多的是面流产生偏转，因此，上游来沙将可能更多地进入直水道，故而对直水道浅滩的枯水冲刷不利。

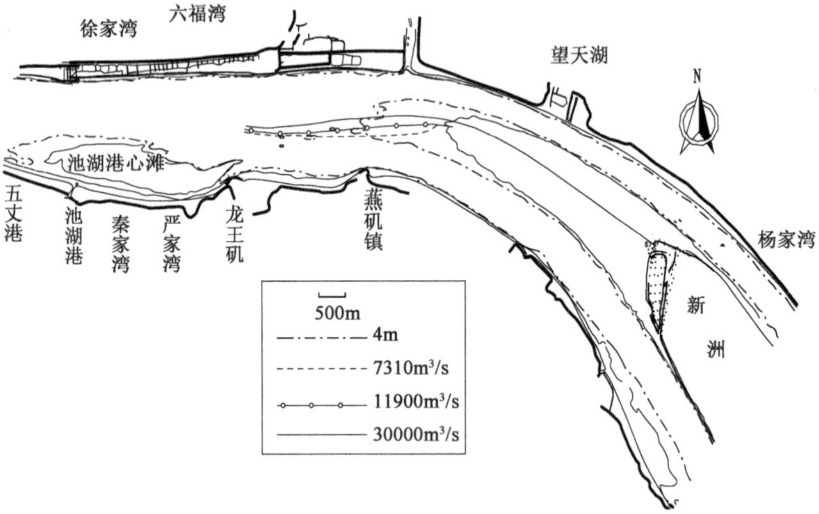

图 4.2-1　现状地形下各级流量下戴家洲洲头分流情况

戴家洲洲头水流自右向左摆的现象体现在分流面曲线上就是分流面曲线从上游的靠近右岸，逐渐向左过渡，直至洲头两汊分流点。

(2)当汉口站流量在 20000 ~ 30000m^3/s 之间时，戴家洲洲头上游水流无明显的偏角。这是因为当流量较大时，戴家洲洲头的滞流点位置由于水位抬高而进入弯道，分流区已位于弯道上段内，水流的横向分布和两汊的过流能力相匹配而达到均衡，故此，水流流向在洲头附近没有产生明显的偏一侧的现象。

(3)当汉口站流量在 30000 ~ 50000m^3/s 之间时，戴家洲洲头水流右偏。随着流量的进一步加大以及戴家洲洲头的滞流点位置的进一步下移，直水道过水面积随水位的增高而增大，且明显优于圆水道，由此直水道的过流能力的增值大于圆水道，而分流区的断面横向流速分布又更多地受弯曲河势的影响而偏右，限于圆水道的过流能力故而偏右。

洲头水流自左向右偏的现象体现在分流面曲线上就是分流面曲线从上游的略靠近左岸，逐渐向右过渡，直至洲头两汊分流点。

(4)当汉口站流量大于或等于 50000m^3/s 时，由于水流漫过新洲，洪水水流取直，流向在洲头附近没有产生明显的偏一侧的现象。

以上由戴家洲洲头水流分布变化情况可知，如果在戴家洲洲头布置工程增加直水道(右汊)的枯水分流比，工程应尽量位于枯水分流面的左侧；同时，为了使工程不影响两汊洪水特性，洲头工程应尽可能布置在洪水分流面附近。以上分析可对弯曲分汊河段滩头工程方案布置起到借鉴作用。

4.2.2　分流面及洲头工程布局原则

研究以长江下游江心洲—乌江河段、长江中游戴家洲河段为例，建立了该两个典型长河段二维水沙数学模型，对研究河段的水动力条件及泥沙进行了计算，掌握了长江中下游水沙特点及预报河床未来发展趋势,为解决河段的整治问题提供了技术支撑。创造性地提出了分流面的概念,通过数值模拟计算,对分汊河段洲头分流面进行了研究,并指导了分汊河段洲头整治工程的布局问题[4-5]。

所谓分流面是指:在洲头分流区局部河段依据两汊分流比计算得到的沿垂线方向的曲面(图4.2-2)。基于分流面的概念,对戴家洲分汊河段洲头天然水流特性进行了研究,提出分汊河段洲头整治工程的布局原则:若在戴家洲洲头布置工程增加直水道(右汊)的枯水分流比,工程应尽量位于枯水分流面的左侧;同时,为了使工程不影响两汊洪水特性,洲头工程应尽可能布置在洪水分流面附近。

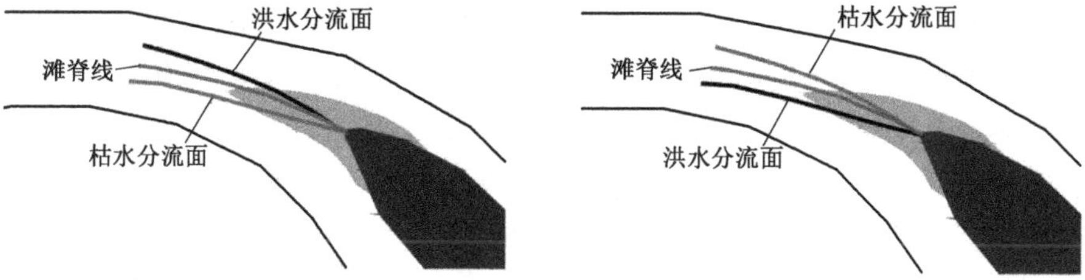

图4.2-2　洲头分流面与工程布局关系图

4.3　航道整治目标河型、时机及工程区选择

4.3.1　目标河型的选取依据

航道整治目标河型主要包括以下三层含义:

(1)历史上特别是近期出现过的、洲滩布局合理、航道水深条件较好、中枯水流向基本一致、深泓微弯的河型。

(2)如果抓住有利的时机(建立在河道演变与航道条件趋势预测的基础上)通过有效的工程措施实现和目标河型相似的河型,航道整治的工程量应该较为节省。

(3)河段通常在枯水期容易碍航,枯水航道相对也比较稳定,目标河型选择枯水期良好地形为佳。

因此,若某研究河段的滩槽格局、航道水深条件等和目标河型相差较大,总体工程应该分期实施,先期应实施位置合理且可能存在较大变化的滩体守护工程,以营造有利的滩体形态,继而实施进一步的航道整治工程加以治理。

从以上航道整治目标河型的概念可以看出,目标河型的含义与冲积性河流基本河型的概念不同(冲积性河流包括顺直、弯曲、分汊和游荡等基本河型),主要与研究河段的洲滩布局、航道条件等密切相关,用于指导研究河段航道整治工程布局。

当然,目标河型的选择是需要一定条件的(特别是水流动力条件和河岸、河床的地质条件等),不同的河型滩段其目标河型有所不同,则工程布局也有所不同。

(1)对于顺直型河段来说,由于流水趋向于弯曲的内在规律,顺直流路向曲流的转化是必然的,则通过稳定两岸位置合理且可能有较大变化的洲滩边界,将其稳定成微弯的枯水河槽形态,尽量避免深泓呈多次过渡的不良形态。

(2)对于弯曲河段来说,此种河段较顺直型河段更稳定,但过弯的河段也不稳定,既不要过直,也不能过弯。根据研究,河段曲率半径为 5 ~ 10km 时河段较稳定,且弯曲河段要有足够的河长,否则也不稳定,即稳定的弯曲型河道需有合理的曲率半径,并有足够的河长。同时考虑到弯曲型河道河岸的抗冲性较差,需对合理岸坡位置进行守护。

4.3.2 河段治理时机

通常对于冲积性河流航道整治来说,存在所谓的“有利时机”,但这个“有利时机”有时是稍纵即逝的,因为冲积性河流的洲滩变化很快。冲积性河流的河槽断面积的大小同呈周期性变化的来流关系密切,虽河床冲淤发展同来水存在时间差,即河床的变形滞后,但一般而言还是大洪水或特大洪水年河槽断面积要大。同时,洲滩的切割也多发生在径流大的年份,此时多出现由弯到直的流路,很多浅滩在这种条件下水深改善。如果单从浅滩水深而言,自然在这种条件下是“有利时机”。研究认为,这个“有利时机”是有条件的,它的断面形态、流路是和大洪水或特大洪水年这种径流条件相适应,它是一种极端的情况,至少它的浅滩断面大小和更多的年份的来水来沙是不相协调的,河床一定是要回淤的。因此,如果将这种情况视为“有利时机”进行航道治理,要特别地加以小心。

对于“有利时机”的认识、把握和选择,更应该关注的是洲滩的合理布局,而不应拘泥于浅滩的水深大小,即重视对“目标河型”的认识、把握和选择,这个“目标河型”应更能适应一般的来水来沙年份,而不仅是代表性差的特殊年份。

认识一个滩段需要时间,研究它需要时间、工程实施还需要时间,所以在研究它的时候要预判一个滩段它将来是否有利。在预测的基础上,“适时”采取工程措施,对第一造床流量下的河势进行控制,以稳定或塑造航道整治的目标河型,这个“适时”就是有利时机。

4.3.3 航道整治工程区选择

由于长江中下游河道河宽较大,如若采用密集的“梳子”形丁坝群进行全河段整治则工程量将十分浩大,经济上也是不可行的。由于全控型航道整治措施的不可行,所以航道整治工程的总平面布置就凸现其重要性,局部控制型航道整治措施就成为长江航道整治的基本理念。由于局部控制,河床的平面变化就存在一定的空间,如何通过局部控制达到中水河势的基本稳定和航线的变迁在可控的范围之内,就成了研究的关键。为此,我们提出工程区的概念,所谓工程区就是我们需要实施工程的区域。对于一个滩段或一个河段,需要设置几个工程区、设在何处、每个工程区的功能是什么、工程区相互间的影响和配合如何等,这些都是工程区概念的外延。合理的工程措施及布局可以起到事半功倍的功效。

4.4 分汊河段河道与航道演变模拟技术

4.4.1 长河段并行计算模式

对现有串行算法进行并行化,根据现有串行算法的特点,检测和开拓其固有的并行性并将其改写为并行程序。从对 solve 和 setup2 子程序的分析特点来看,主要是对矩阵的数据进行处理计算。并行化开发可以通过对矩阵进行划分,然后指派给不同的处理器来实现并行[6]。通常使用的划分方法为行列划分。

所谓行列划分就是将矩阵整行或整列的分成若干组,每组指派给一个处理器。也可将若干行或若干列指派给一个处理器,而且这些行和列可以是连续的,也可以是等距相间的,前者称为块带状划分，后者称为循环带状划分。图4.4-1为按列划分示意图：图中共有8列，其中，1～4列为0进程，5～8列为1进程。

对于本程序，有两种并行化的方案可以选择：

(1)只对solve子程序进行并行化。

(2)对solve和setup2子程序都进行并行化。

这两种方法各有利弊，下面分别讨论：

只对solve子程序进行并行化，并行起来较为简单，可以将solve整个子程序段完全并行化，但是由于需要两次大数据量的allgatherv通信和4次sendrecv通信，通信开销比较大，通信时间过长可能会影响并行效率。另外，setup2中占用了21%左右的计算时间无法并行，同样会影响并行效率。

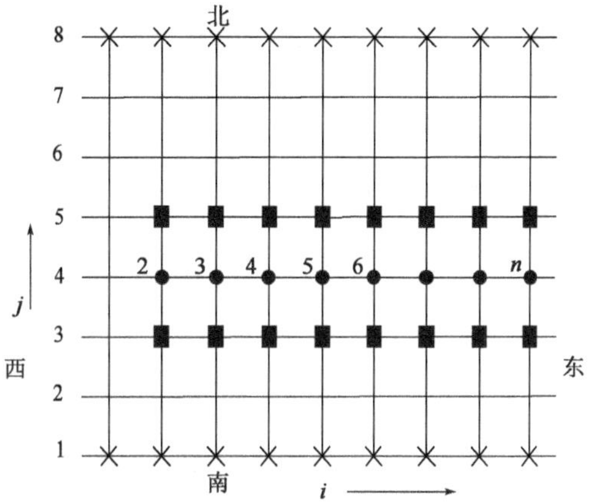

图4.4-1　按列划分示意图

setup2子程序中大部分的变量都是行相关，只有少数是列相关，所以setup2适合于采用按列划分的方式进行并行。

在对setup2进行并行化后，就无法对solve的3、4循环段按列划分进行并行化了，除非对AP、AIM、AJM、AIP、AJP、CON都进行通信量极大的全部处理器间的allgatherv全局通信，否则，solve子程序只能是1、2循环段进行并行，3、4循环段各处理器顺序执行。

solve和setup2子程序都进行并行化的方式可以使setup2能够进行并行通信，并且整个通信方式基本都是点对点的方式，通信量较少，有效地减少了计算过程中的通信时间，但是solve子程序只能一半并行，一半串行，还是难以获得理想的并行效率。

以深腾1800高性能计算服务器为平台，对并行程序进行了性能测试分析，测试段为长江中游戴家洲河段，网格规模为1528×121，应用三峡工程运行后典型水文资料，对河段工程方案进行计算。

由并行加速比与进程间关系(图4.4-2)可以看出，随着进程数的增加，并行加速比逐渐增大，在进程数等于8时达到峰值4.98，然后出现下降的趋势，说明进程间的数据交换和同步等待消耗时间逐渐增多，特别是进程数大于8时，其通信时间甚至大于每个进程计算时间；从并行效率与进程数关系图(图4.4-3)中可以看出，当进程数为4时，并行效率达到峰值89.23%，此时加速比为3.57，说明4CPU计算速度是单CPU计算速度的3.57倍。并行效率反映加速比随进程数目的增加而增加的比例，往往随着节点数的增加而降低。因此，在本例中，当进程数在8以内，计算效率是相当可观的，但是进程数超过16，计算效率并不乐观，这和算法本身有很大关系。如果可以采用区域分解的算法，降低并行粒度，减少两进程间及多进程间的通信消耗，是提高程序并行效率的有效手段。

4.4.2　模拟过程的可视化

立体式水动力三维仿真是水动力数值模拟后处理软件，用于对三维流场进行仿真模拟。它运用WPF建立三维场景，基于拉格朗日法描述三维流场，首次提出用立体电影成像原理及制作方法，实现了对三维流场的仿真模拟，使三维场景可以有景深、分层次地进行呈现，突破了二维显示屏幕对三维场景显示的局限,使得流场的三维场景建立具有了实际意义,是一条行之有效的三维流场模拟途径[7-8]。

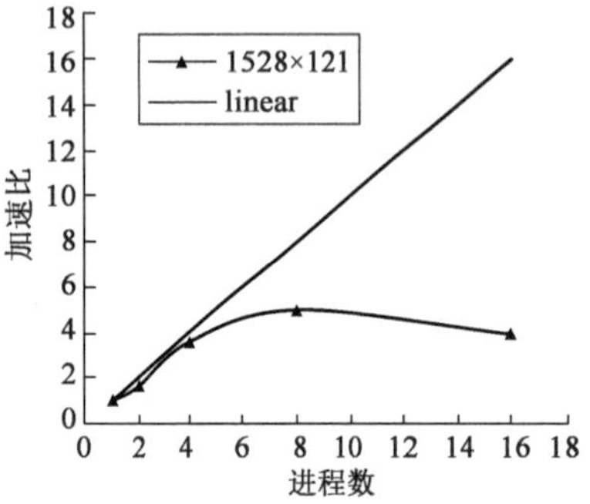

图4.4-2 加速比与进程数关系图

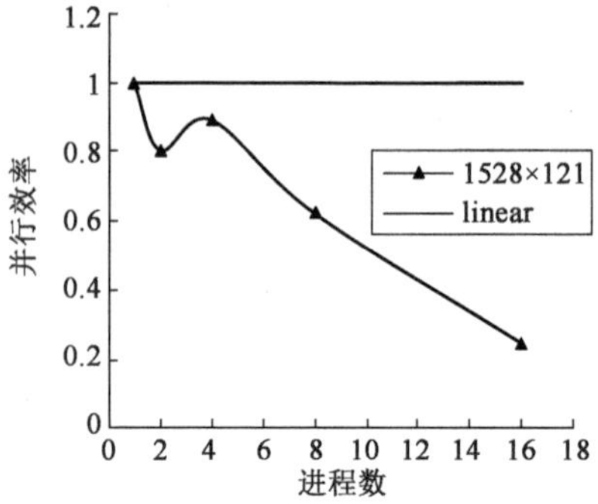

图4.4-3 并行效率与进程数关系图

系统还实现了对三维表面流场、截面流场进行仿真模拟。截面流场模拟采用了将截面放置于三维场景中的方式表现,使得截面流场模拟更为直观。表面流场模拟不仅能够将流速质点漂浮于水面进行表层流场模拟,而且可以显示动态水面,当水位有剧烈变化时模拟更加形象,所以它还可以用来进行波浪场的仿真模拟。

系统对表面流场和三维流场的仿真模拟采用了高效的三维质点追踪算法、多线程编程技术和精简的三维图形处理平台 WPF,使得对数据量巨大的三维流场实时模拟在普通计算机上也可以很好地实现(显卡支持 DirectX)。系统中采用的图像处理方法、影像生成及压缩编码方式、多类型三维示踪质点生成算法、复杂地形及边界下的指定高程水平截面和任意走向垂直截面的生成算法,都是十分有效的,其灵活的显示控制方式和演示过程中的视角变换操作方式也非常实用。

采用立体成像技术对三维流场进行仿真是首次被应用,目前国内外尚没有相应技术应用的报道,其应用是具有创造性的,技术运用具有先进性。它在二维显示设备上有效地对三维流场进行表达,促进了三维数值模拟计算的应用,具有十分广阔的应用前景。另外,其立体显示方式可以被相近技术领域借鉴,促进三维图形显示技术发展,具有较好的社会效益。随着三维立体显示技术进步及三维显示设备的不断更新,三维流体仿真显示将更为逼真,效果将更好,三维流场动态仿真技术将得到更广泛的应用。

立体式水动力三维仿真系统是首款以拉格朗日法仿真模拟非恒定三维流场的软件,它使三维流场内部流动细节可以被详细地描述,对三维流场计算结果进行了直观的表达和真实的呈现,从而使三维计算结果不再抽象而具有实际应用价值。它将三维水动力仿真模拟技术推向了新的高度,使三维流场显示不再局限于截面流场显示方式,具有十分广阔的应用前景。对三维计算结果的仿真显示,将使其有效地促进三维模拟计算在水动力研究领域的应用,进而推动三维模拟计算的发展,这是良性的相互促进的过程,所以可以预见不久的将来,三维水动力数值模拟技术将广泛地被用于水运工程领域。

1)三维场景的建立

三维流场显示必须基于三维地形,所以支持三维地形建立是选择三维场景建立的最基本的条件。三维场景的建立需要慎重选择支持三维建模的软件平台,目前市场上有很多 GIS

平台产品支持三维建模,它们基本上侧重于地理信息系统的建设,在数据库支持、各种地形数据兼容上各有特色,但是它们都具有共同的缺点:为提高兼容性,平台过于庞大、运行效率低、价格昂贵,三维数据后处理只是需要能够建立三维场景即可,其他的功能可以通过开发自行完成,而不需要像数据库支持等附加功能,因为它们只能带来性能上的损失,而对三维数据后处理没有任何帮助。基于以上分析,WPF 和 OpenGL 成为选择目标。

(1)用 WPF 建立三维场景

WPF 三维图形处理功能提供了对三维的设计宗旨支持而不提供功能齐全的游戏开发平台。通过 WPF 三维实现,开发人员可使用与该平台所提供给二维图形的相同的功能,对标记和过程代码中的三维图形进行绘制、转换和动画处理。WPF 中的三维图形内容封装在 Viewport3D 元素中,该元素可以参与二维元素结构,Viewport3D 充当三维场景中的一个窗口(视区),更准确地说,它是三维场景所投影到的图面。

WPF 提供了标准的构建三维场景的函数:三维坐标空间变换、照相机和投影、模型和网格基元、向模型应用材质、照亮场景、变换模型、对模型进行动画处理等,利用它们,可以从底层构建所需要的三维处理系统,灵活处理特定需求。

(2)三维地形显示与波浪运动动态模拟

三维空间中,地形是以三维曲面方式表达的。利用 WPF 构建三维地形,首先要在程序界面的 xaml 窗口中加入 Viewport3D 控件,它是联系三维场景和二维平面上的投影显示的关键,所有三维空间几何体的显示需要通过认为定义赋值给它才能实现。

图 4.4-4 展示了某港口规划模型试验的三维地形,图中采用了单一的平行白光作为场景光源,透视投影照相机作为观察相机。图 4.4-5 显示了某时刻波浪模拟的三维场景截图。

2)三维质点运动的拉格朗日法描述

拉格朗日法描述流场质点时,关注的是指定质点随时间的运动轨迹,需要对质点进行运动迹线追踪。二维运动质点具有 x、y 两个方向的速度分量 u、v,三维运动质点具有 x、y、z 三个方向速度分量 u、v、w。目前大都以平面非结构化、垂向分层方式构建三维立体网格,所以在进行三维流场模拟时,可以采用水平方向二维拉格朗日流场模拟方式,增加垂向约束的方法。

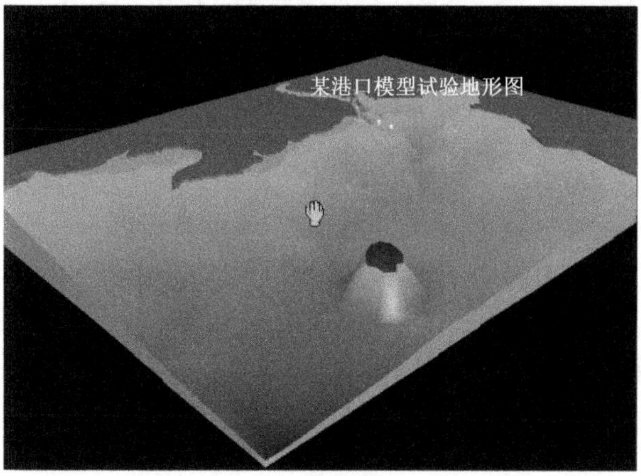

图 4.4-4　某港口建设模型试验地形图

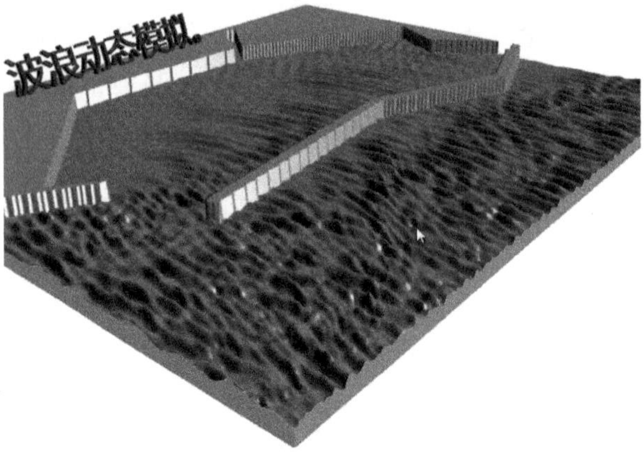

图 4.4-5　某港口规划建设波浪场模拟

平面离散网格一般采取三角单元,可采用方向追踪法控制质点在平面上的运动,下文详细描述。三维质点运动增加了垂向分量,需要对质点在垂向进行额外控制,控制要素主要包括对运动质点的上下边界出界控制、垂向子区域出界控制等[9]。

如上所述,三维质点运动是在二维基础上完成的,所以首先对二维拉格朗日法流场模拟中的质点追踪进行描述,在此基础上完成三维情形的处理。

3)质点的三维表示

为能够形象地表达流速示踪质点,可以采用多种几何形状来表达。二维流场模拟中,经常会采用箭头方式对质点进行描述,由于三条短线表达的流场质点具有明显的二维特性,它不再适合对三维流场中的质点进行描绘。

球质点具有明显的三维特性,很容易想到用以表达三维流场质点。箭头表示二维流场质点的时候,其长度用于表示所在点流速值的大小,箭头指向表示流速方向,即使对瞬间静止的流场,也可以表示出更多的流场信息,而球质点缺乏这种功能。

如果由指定数量的若干个由大逐渐缩小的球质点构成一个合成质点表示流场质点,各球体球心是质点走过的位置,新时刻位置的质点球半径为最大,每个球质点半径都会在下一时刻缩小一定比例,使得表示流场质点像彗星一样拉出其运动轨迹来,从而表示出了质点运动的方向,我们故此称其为慧迹球。慧迹球长短代表了流速大小,球心连线描述出了流速方向。由于每个质点都由若干个球组成,大大加大了系统开销,直接影响到流场模拟连续性,不适于低性能计算机采用。

也可以考虑用圆柱体表示三维流场质点,那么,其长度代表当地流速大小,指向表示出流速方向。由此可以推广,以连续 $N+1$ 个时刻流速质点所经过的空间位置连线,将每段连线作为一个圆柱体的轴心,以同样的半径构造 N 个圆柱体,通过几何求解,得到相邻圆柱体曲面的交线,从而绘制出平滑连接的 N 段与主体表面,将它作为流场质点,可以更好地表示出某质点的运动特性。

如果将圆柱体截面上控制为四个节点,并且使四个节点两两对称于通过轴心的水平面,

同时控制 z 向的距离远小于水平方向的长度，则圆柱体质点蜕化为丝带式质点，好处是减少了每个质点构成的节点数量，从而减少了对系统资源的开销。

图 4.4-6 是以球质点为示踪质点表示的三维流场某时刻的截图，能比较清楚地区分不同质点。

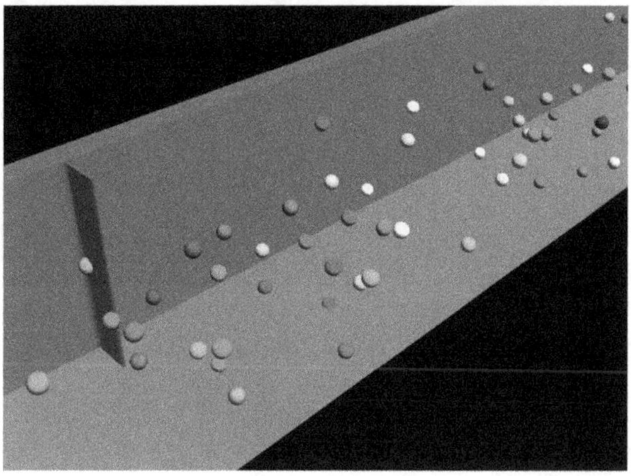

图 4.4-6　球质点表示的三维流场

图 4.4-7 是以慧迹球质点为示踪质点表示的三维流场某时刻的截图，从中可以看出质点的流动方向。

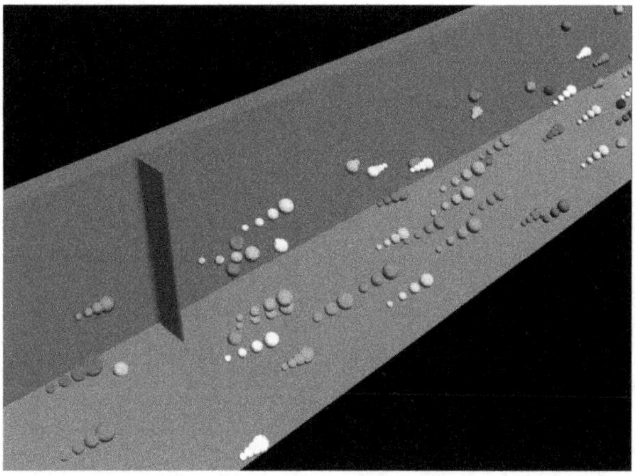

图 4.4-7　慧迹球质点表示的三维流场

图 4.4-8 为圆柱质点表示的三位流场质点，它适合于表达复杂的三维流场，并且可用于三维管线构造。

4）流场示踪质点布设及疏密控制

实践证明，流场中的质点总是有向大流速区域汇聚的趋向，如果不加以控制，在流场模拟过程中会使质点分布得越来越不均匀，影响美观。

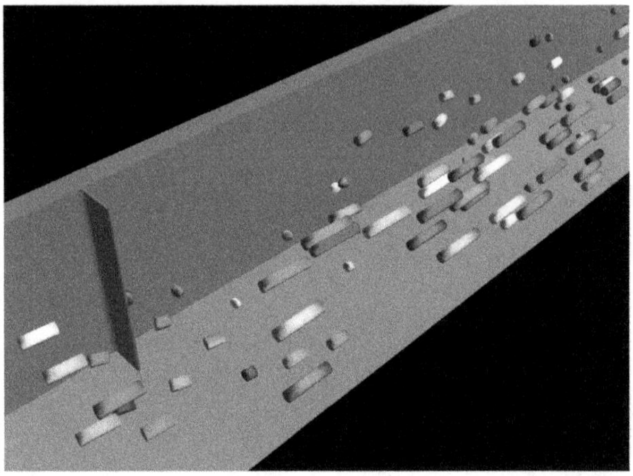

图 4.4-8　圆柱质点表示的三维流场

与三维质点的拉格朗日法描述相似,三维示踪质点的疏密控制也是在二维基础上增加垂向的控制而完成的,因此有必要先讨论二维情况下的质点疏密控制。

动态流场演示开始时,同物理模型试验抛撒示踪球一样,需要在显示域内较为均匀地分布一定数量的示踪粒子。为使粒子分布较为自然,先将显示域根据用户指定的疏密尺度划分为若干长方形网格,如图 4.4-9 所示。由图可见,用矩形区域包络整个演示模型区后,根据模型边界走向和人为划分的网格线相交情况,网格区域划分为三大部分:A 区域(由 A1、A2、A3 三部分组成)的所有矩形均不与模型区域相交叠,称为无效区;D 区域是模型边界围绕的区域,称为模型区;B 区域是剩余部分的区域,它的矩形块或多或少地与模型区域相交叠,成为交界区。D 区和 B 区合称为有效区,在以后的模拟控制中,在它以内的所有小的矩形块(称为有效网格)作为质点密度分布疏密的判断基本单元。在每个有效网格内采用随机方式分布质点,形成初始流场。图 4.4-10 显示了某表面流场的质点初始分布。

由于流速分布的不均匀性,经过一段时间后,示踪粒子往往会在小流速区域尤其是有环流存在的区域堆积,使得流场内质点分布不再均匀,影响演示效果。

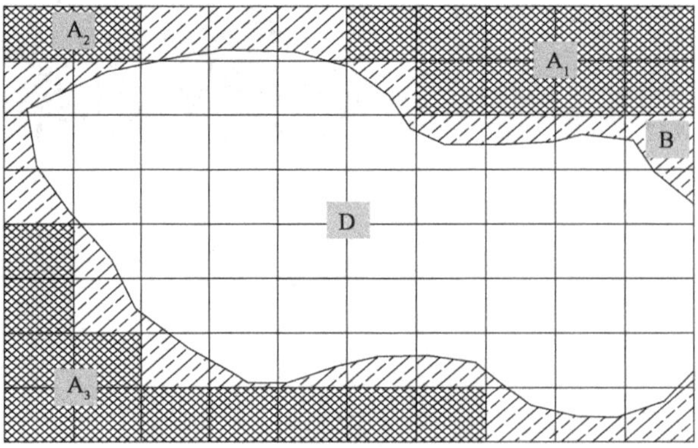

图 4.4-9　平面二维模型域疏密控制网格划分

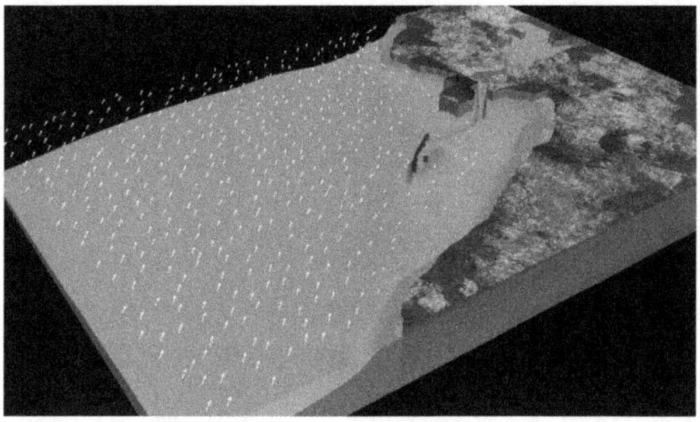

图 4.4-10　某港口初始流场质点布设

为使流场内示踪粒子始终保持较为均匀的分布特征，需要在流场动态演示过程中不断检查粒子分布的密度，在过疏区域添加质点，在过密区域删除部分质点。

以上所述初始流场生成及流动质点的增加和删除，都需要有判断方法，称为示踪粒子疏密控制规则。根据控制目标不同，可分为现场区域控制法和屏幕区域控制法。如图 4.4-11 所示，在程序中有相关的控制选项。

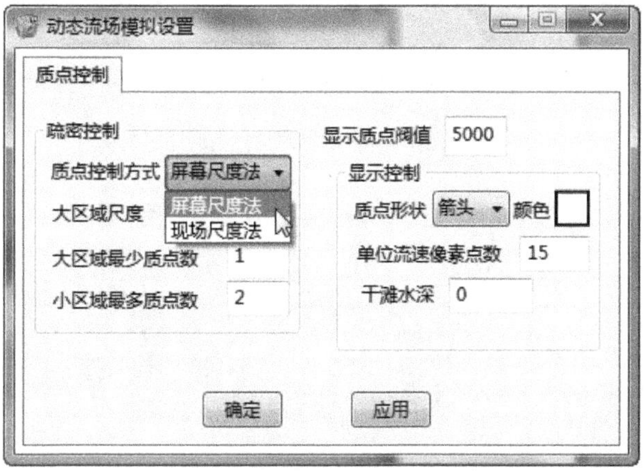

图 4.4-11　示踪粒子疏密控制方法

(1)方式 1:现场尺度控制法

现场区域控制法是由用户指定计算域现场坐标子控制区域的尺度和每个子区域的最少、最多粒子数来控制整体显示区域示踪粒子疏密的方法。所谓子控制区域是指为了控制流场粒子疏密，预先将整个计算域划分而成的正方形网格，尺度指其边的长度(例如以米计)。当某子域内粒子数量小于指定数量时，自动向该子域增加位于本区域的位置随机的粒子，当子域内质点超过最多粒子数时，将删去超过数量的粒子。图 4.4-12 显示了该方式控制下某时刻的局部流场图。

(2)方式 2:屏幕尺度控制法

屏幕区域控制法是由用户指定屏幕子控制区域的像素尺度和每个屏幕子区域的最少、

最多粒子数来控制整体显示区域示踪粒子疏密的方法。该方式关心屏幕上指定大小区域内的粒子数量,保证不受用户对显示区域的缩放而影响屏幕上显示的粒子密度,它实际上通过选择距离视点最近的区域的缩放比例,将指定的屏幕像素尺度通过坐标变换,转化为子域现场尺度,然后确定可包络屏幕显示区域的最小现场矩形域,最后以子域现场尺度分割现场矩形域,从而确定疏密控制网格。由于视角可随意变化,在屏幕上实际上看到的远处的质点会比较密。图4.4-13显示了该方式控制下某时刻的局部流场图。

图4.4-12　采用现场区域控制法得到的局部流场

图4.4-13　采用屏幕区域控制法得到的局部流场

不管采用哪种方式控制粒子疏密,都需要以现场坐标为判断依据,就是说采用屏幕区域控制法时需要将屏幕尺度,转换为现场坐标尺度,进而进行粒子疏密判断,因为粒子坐标始终是以现场坐标来表示的,这样也可以保证精度判断。

5) 立体电影法呈现三维流场

Tecplot 可以实现对三维恒定流场的模拟显示，它采用示踪球加迹线方式展示运动中的三维流场，粒子运动以拉格朗日法描述。真实的三维场景加上几条不算太密的流线和在流线上运动的球质点，三维模拟效果很好。

三维水动力模拟研究中，潮流场等非恒定流占大部分。往复运动的特点使得以 Tecplot 采用的流线加示踪质点的方式不再可行，否则，随时间的推移，流线将变成“一团乱麻”，没有了流线作参考，运动中的示踪质点也会不容易被分辨其空间位置，使得流场三维特性不再明显，无法有效地表达流场模拟。必须探求有效的三维流场表现方式，方能解决其模拟显示中的问题。

如果仍然以通常的屏幕显示方式，采用某种几何对象如圆球代表三维流速质点方式在二维显示器上表达三维流场，可以想象，一方面运动流场需要通过放置在其中的运动质点来描述，另一方面需要将三维场景中的运动质点向显示平面进行投影，这必然造成运动质点前后和上下的遮盖，使得整体上混乱不堪，即使采用不同质点形状，也无法达到理想的显示效果。这也是真实三维流场模拟止步不前的关键所在。

立体电影最早出现于 1922 年，这种电影放映时将模拟左右眼拍摄的两幅画面重叠在银幕上，通过观众佩戴的特制眼镜分离图像，使观众左眼看到模拟左眼拍摄的画面，右眼看到模拟右眼拍摄的画面，再通过双眼的会聚功能，合成为立体视觉影像，有身临其境的感觉。

由此，我们可以设想，假如我们建立真实的三维流场场景，然后在其中设置两个隔开一定距离的摄像机模拟人的双眼，对所观察的流场同时进行拍摄，得到两幅图像，它们代表了这一时刻两只眼睛观察到的流场，将两个摄像机拍摄的图像序列分别生成影像文件，然后由两个投影机分别同时将两个影像文件在同一屏幕进行投影播放，在立体眼镜的帮助下就可以看到具有立体效果的仿真三流场模拟。有了用立体电影方式表现三维流场的方式后，剩下的问题就是在三维场景中，完全以三维拉格朗日法描述流体示踪质点的运动即可。

通过上述三步即可得到适用于红蓝、红绿立体眼镜的立体图像，如图 4.4-14、图 4.4-15 所示。对每一时刻得到的图像进行操作后，用它们生成的影像文件就是红蓝（红绿）立体电影文件。

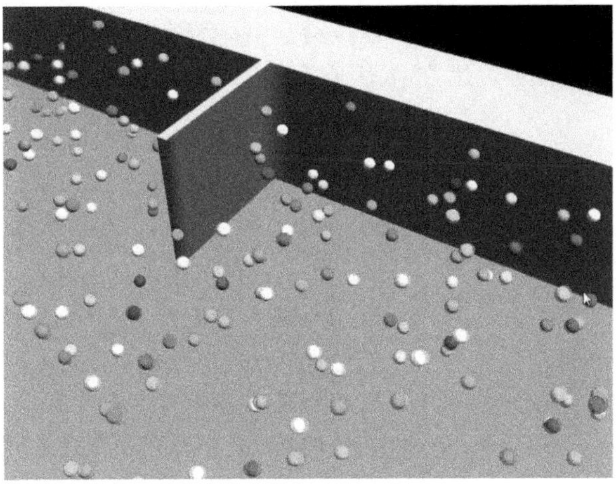

图 4.4-14　球质点表示的丁坝绕流局部流场

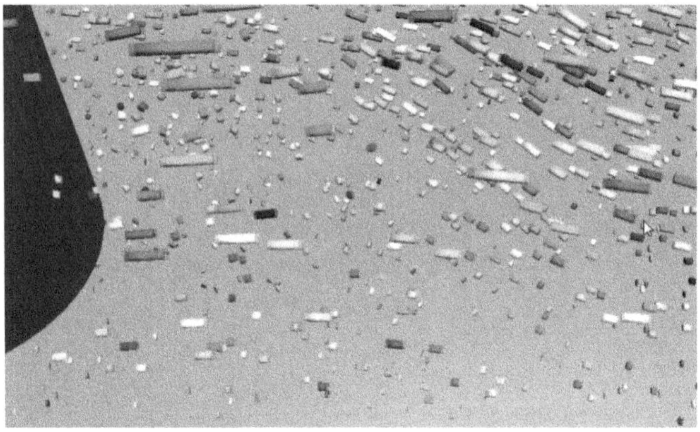

图 4.4-15　圆柱质点表示的桥墩绕流局部流场

4.5　本章小结

(1)提出了分流面和目标河型概念及理论。所谓分流面是指:在洲头分流区局部河段依据两汊分流比计算得到的沿垂线方向的曲面。基于分流面的概念,对戴家洲分汊河段洲头天然水流特性进行了研究,提出分汊河段洲头整治工程的布局原则:若在戴家洲洲头布置工程增加直港(右汊)的枯水分流比,工程应尽量位于枯水分流面的左侧;同时,为了使工程不影响两汊洪水特性,洲头工程应尽可能布置在洪水分流面附近。

(2)在长河段河势稳定性机理分析的基础上,对目标河型的选取进行研究,合理确定了通航主汊道,给出了目标河型、治理时机及工程区的选取原则,为航道整治工程提供了科学依据。

(3)提出了分汊段浅滩演变模拟和预测技术。在数学模型计算模式改进提高运算效率的基础上,建立了河道三维动态可视化过程,有效模拟分流面和滩槽格局的过程变化,通过多水文组合,为目标河型的选取提供技术支撑。采用并行计算模式,大幅度节约了计算时间,提高了计算效率。提出了用立体电影成像原理及制作方法,实现了对三维流场的仿真模拟,使三维场景可以有景深、分层次地进行呈现,突破了二维显示屏幕对三维场景显示的局限,使得流场的三维场景建立具有了实际意义,是一条行之有效的三维流场模拟途径。

参 考 文 献

[1] 刘万利. 长江长河段系统治理[R]. 天津:交通部天津水运工程科学研究所,2011.

[2] 刘万利. 长江中下游典型长河段系统治理技术研究报告[R]. 天津:交通部天津水运工程科学研究所,2011.

[3] 李旺生. 长江中下游航道整治技术问题的几点思考[J]. 水道港口,2007,6:418-424.

[4] 刘万利,李旺生,李一兵,等. 长江中游典型微弯分汊河段择汊问题探讨[J]. 水运工程,2012,8:141-144.

[5] 李元生. 鹅头型分汊河段变化特征及治理措施[J]. 水运工程,2013,4:113-116.

[6] 赵太平. 分汊河段水流数学模型研究报告[R]. 南京:河海大学,1997.
[7] 闵朝斌. 关于最低通航设计水位计算方法的研究[J]. 水运工程,2002,1:31-35.
[8] 李聪,邓金运,韩剑桥. 三峡水库蓄水后长江中游航道设计水位变化研究[J]. 水运工程,2015,2:95-100.
[9] 李义天. 三峡水库蓄水后长江中下游一维水沙数值模拟研究[R]. 武汉:武汉大学,2009.

第5章　分汊河段通航主汊引导恢复技术应用与工程实践

针对航道整治的目标河段,首先进行河道演变[1]、航道浅滩演变分析研究,结合模拟技术手段,明确工程河段的河道演变特点、航道演变趋势;通过近期及历史时期航道条件的分析,结合模拟预测结果[2],综合考虑外部环境制约条件,确定枯水期航道通航主汊道,进一步分析航道的稳定性及发展状态,合理确定工程区;进一步通过物理模型[3]和数学模型计算手段,确定工程的主尺度;跟踪分析工程建设前后的河道演变及航道条件变化[4],完成技术的应用。

5.1　模拟技术的工程化应用

将TK-2DC软件应用于长河段大模型进行相关计算。计算范围上游起自沙洲水道,下游至武穴水位站,河段中包括戴家洲水道和牯牛沙水道两个碍航河段,模拟河段全长约123km。网格布置以控制地形为原则,一般地形变化较大和工程区域网格加密,顺直河段适当变稀,网格均匀分布,沿水流方向网格平均间距(断面间距)80m,最小间距15m;垂直于水流方向网格间距平均25m,最小间距5m,全河段共有网格节点近19万个。模型计算时上游开边界由实测流量控制,下游开边界由实测水位控制。

利用TK-2DC软件进行了戴家洲河段整治方案的数学模型研究,包括一期工程方案(戴家洲洲头滩地修建一座鱼骨坝工程,含1道脊坝、7道刺型建筑物、脊坝坝根护岸、1道新洲头顶部窜沟护底带及左右岸岸脚加固工程)、右缘守护工程方案、二期工程方案(戴家洲直水道凸岸中上段3条潜丁坝工程,戴家洲右缘上、中段护岸工程)效果分析,为该河段整治工程方案的确立提供了依据。目前该河段航道整治一期工程、右缘守护工程及二期工程建设均已完工,工程效果与数学模型模拟结论一致。

戴家洲河段数学模型[5]模拟范围及工程布置三维仿真图见图5.1-1~图5.1-4。

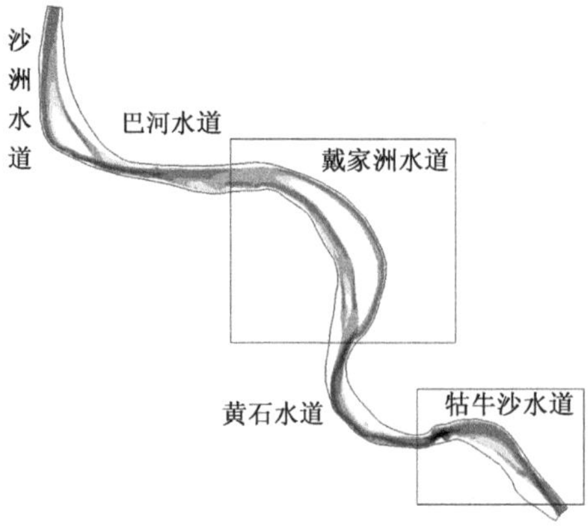

图5.1-1　数学模型模拟范围示意图

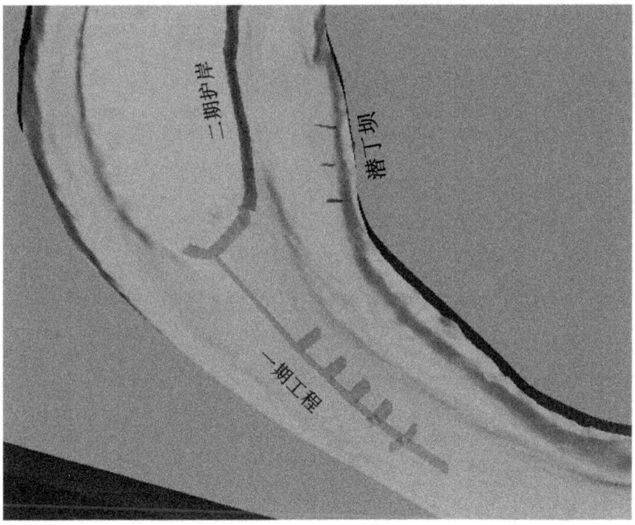

图 5.1-2　戴家洲河段一期工程三维仿真图

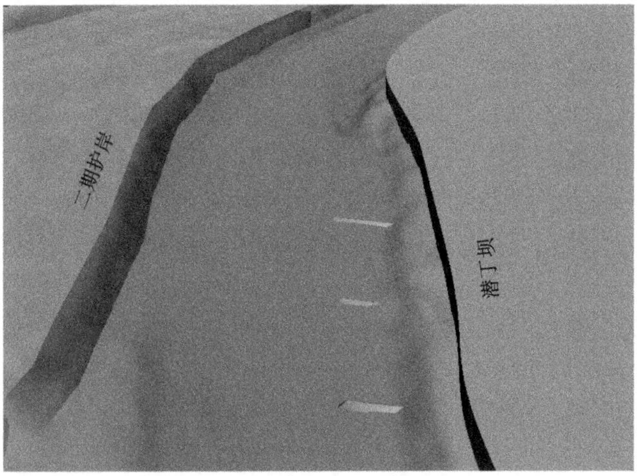

图 5.1-3　戴家洲河段二期工程三维仿真图

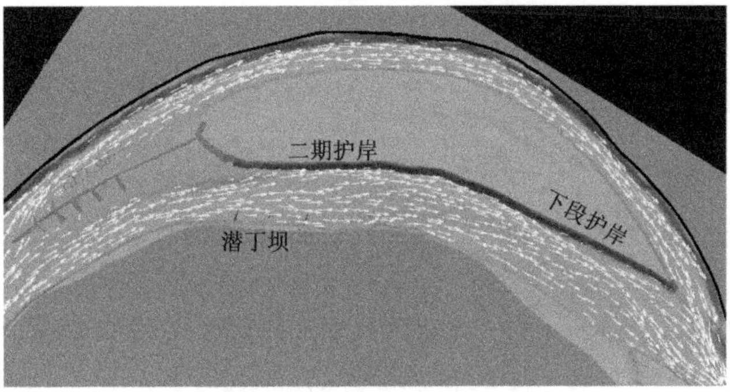

图 5.1-4　戴家洲河段流场图

5.2 江心洲—乌江河段航道整治引导和恢复工程

5.2.1 江心洲—乌江河段通航主汊道的选取

本河段包含多个分汊河段,有的河段自形成分汊格局以来,主汊稳定且地位明显,一直作为通航主汊道(如江心洲水道、马鞍山水道),有的河段主支汊相对不稳,历史上曾出现过主支汊易位现象(如乌江、凡家矶水道)[6]。

凡家矶水道1995年成为通航主汊,目前分流比在60%以上,10m等深线宽度大于500m。而乌江水道10m槽2007年才贯通,航道宽度也相对较窄,10m等深线最窄处仅88m,局部河段0m线宽度仅360m,航道条件远较凡家矶水道差。并且由于小黄洲尾与新生洲头的低滩部分已基本相连,使得乌江水道与上游马鞍山水道已完全隔离,右汊凡家矶水道为呈发展趋势的一汊。且凡家矶水道与上、下游航槽衔接可形成微弯河槽形态。

因此选择江心洲水道、马鞍山水道和凡家矶水道作为本河段通航主汊道进行整治。

5.2.2 江心洲—乌江河段航道整治目标河型研究

江心洲—乌江河段江中洲、滩较多,水流分汊,进口段主流不稳,历史上航槽经常发生较大的摆动。在航槽摆动过程中,部分航段的水深仅5m左右,航道条件较差。目前河段总体河势比较稳定,河床演变也处在相对稳定期,除小黄洲洲头过渡段外,航道条件较好。河段具体表现:江心洲水道已形成微弯河型;小黄洲河段经过多年的整治,目前主支汊已相对稳定;凡家矶水道自成为主汊以来,航道条件一直保持良好。

在目前较好河势及航道条件下江心洲—乌江河段航道整治的关键是进一步稳定进口段主流,巩固较为完整的洲滩形态,维持目前江心洲水道微弯河型和小黄洲、新生洲及新济洲河段的分汊格局。对小黄洲洲头过渡段航道横、弯、窄水流条件进行适当治理。

基于以上认识江心洲—乌江河段航道整治的总体目标:采取工程措施,使江心洲水道稳定为航道条件较好的微弯河型;使乌江水道、凡家矶水道稳定为主支明显、航道条件较好的分汊河型;改变和调整小黄洲洲头过渡段的入流条件并拓宽航槽,根本改善小黄洲洲头过渡段航道的航行条件。使得江心洲—乌江河段主航道和小黄洲左汊及乌江水道较好的航道尺度得以长期保持,并满足规划建设标准的要求。对照这一整治目标,我们选定2002年1月河道形态为河段治理的目标河型(图5.2-1)。

5.2.3 江心洲—乌江河段航道治理时机

从河演分析结果看,长江下游江心洲—乌江这一长复合型分汊河段存在的主要问题是主流摆动,滩槽不稳。在航槽摆动过程中,部分航段历史上水深仅5m左右,不能满足现行航道维护标准的要求。尽管目前本河段航道条件较好,航道尺度满足维护标准的要求,但河床演变的周期性表明,滩槽的进一步演变也同样可以将较好的航道条件转变到历史上的较差状态。由于本河段主流的不稳性仍然存在,也使得河段内的洲滩和航槽难以保持稳定,而这种不稳定性正是航道条件恶化的隐患。一方面,受进口左岸西梁山挑流的作用,江心洲水道进口段主流右偏,致使江中彭兴洲头和江心洲头及左缘崩岸不断,上深槽和主流也将越来越弯曲,上下深槽之间的过渡段越来越趋横,航道条件恶化;同时,由于江心洲水道主流的摆动,下游分汊河段的分流比随之不断调整,航道条件也将不断变化。另一方面,该水道的左边滩(牛屯河边滩)为顺直河道中的新生边滩,其稳定性相对较差,容易被切割冲蚀。就目前和今后的来沙条件而言,这种切割冲蚀一旦发生,其还滩能力很低,恢复时间也将较长,河床有可能向宽浅方向发展,进而引起下游水道的河床发生连锁性改变。

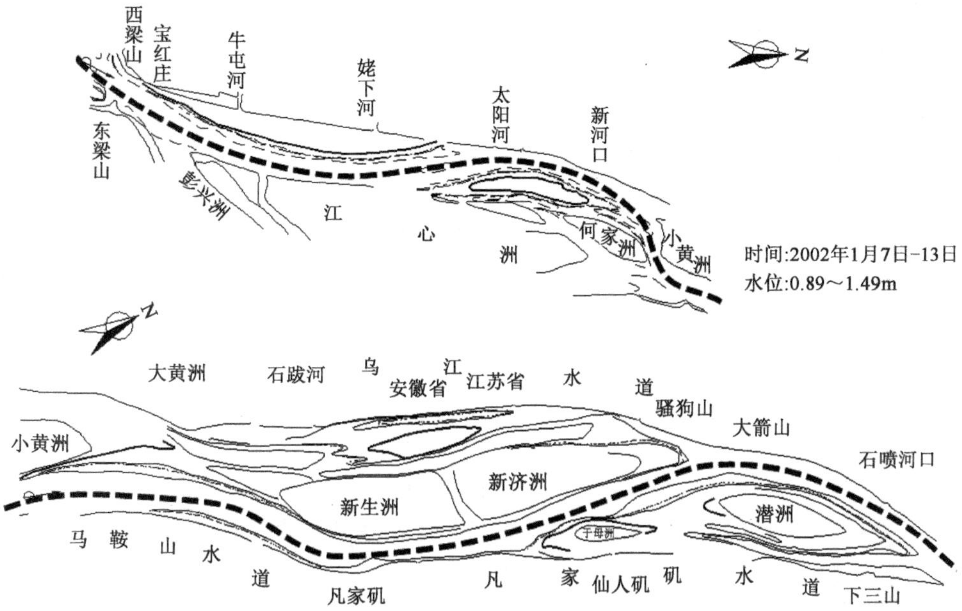

图 5.2-1　江心洲—乌江河段 2002 年 1 月地形图(目标河型)

目前的滩槽、洲岛的平面布局是多年水沙运动和河床周界相互作用的结果,它是均衡的、合理的,具备较好的稳定条件。但是,在现状条件下,这种稳定不可能长期得以保持。目前河段内部分洲滩已经显现向不利方向变化的趋势,如不及时加以整治,航道就有可能发生大的变化。同时,由于现阶段航道条件相对较好,只需通过适当的守护工程稳定现有洲滩形势,即可达到事半功倍的工程效果。因此,本河段目前处在相对比较有利的治理时机。鉴于目前的航道条件及今后可能发生的变化态势,同时根据小黄洲洲头段航道条件相对较差的现状,确定了航道整治的总体整治原则为:因势利导,综合协调;守护为主,整治结合;总体设计,分期实施。在江心洲—乌江长直多汊河段通航汊道的选择、治理目标及原则的基础上,提出了江心洲—乌江河段航道治理措施设想。

5.2.4　江心洲—乌江河段系统治理思路研究

目前江心洲水道虽然航道条件较好,但是存在两方面问题:一是主流摆动,深泓及滩槽不稳定;二是小黄洲左汊分流增加、汊道呈发展趋势,小黄洲洲头段航道相应趋横、趋窄。1995 年凡家矶水道改为主航道以来,航道条件改善,但汊道还不稳定。这两处水道都需要采取工程措施进行控制,防止河道及航道条件向不利方向转化。

江心洲水道和凡家矶水道的治理都以维持现状为目标,保持现有航道条件,包括巩固主汊良好的航道条件以及保留具有一定通航能力的支汊(太平府水道、小黄洲左汊、乌江水道)的通航条件。其中,江心洲水道是此次治理的重点。根据以上情况和航道治理原则,提出江心洲—乌江河段航道治理措施的设想如下：

1）江心洲水道

（1）治理措施一

在牛屯河边滩上部边缘修建控导工程（顺坝或丁坝），一方面促使牛屯河边滩进一步淤高淤大，防止主流摆动切割；另一方面也可以适当改善右汊（太平府水道）进口的入流条件，有利于右汊航道条件的改善。此措施暂时不考虑江心洲左缘上段的崩岸问题，待其崩退到一定程度，航道线形更加合理时，再考虑护岸工程和小黄洲洲头段的控导工程。

（2）治理措施二

结合治理措施一，在小黄洲左汊进口一带建导流潜丁坝，控制小黄洲左汊的分流比及其发展，同时调顺小黄洲洲头段水流走势，使贴小黄洲头主流右移，同时对何家洲尾实施切滩，使小黄洲洲头段枯水河宽保持在1000m左右，降低该段的流速，尽快改善该段的航道条件。

（3）治理措施三

结合治理措施二，对彭兴洲头、江心洲左缘崩岸段进行平顺守护。

（4）治理措施四

在江心洲水道最佳治理方案的基础上，对右汊太平府水道进口—姑溪河口段进行整治。初步设想是：进口段整治和疏浚结合，先整后疏。整治建筑物为丁坝群或丁、顺结合，整治线宽度300m左右。

2）乌江、凡家矶水道

乌江、凡家矶水道已列入水利部门的规划治理范围，拟采取的措施包括对新生洲与新济洲间串沟进行封堵；对新生洲洲头左右缘、新济洲洲尾右缘和七坝段抛石护岸。航道治理措施应与水利部门充分协调。

5.2.5 江心洲—乌江河段（以下简称江乌河段）航道治理方案、分期引导恢复措施

1）江乌河段综合治理方案

基于上述汊道选取、目标河型及治理时机和治理思路研究的基础上，通过物理模型试验及数学模型计算最终确定的河段总体工程方案布置（图5.2-2）为：在牛屯河边滩自上而下布置五条护滩带，在护滩带上仍修建锁坝封堵串沟；江心洲左缘上段护岸；在江心洲水道心滩、下何家洲、江心洲之间的支汊内建锁坝，使支汊水流在中枯水期归槽，调整小黄洲头过渡段入流条件，并避免支汊在小黄洲过渡段汇流；在小黄洲左汊进口布置潜坝，限制左汊发展；在新生洲头部低滩布置鱼骨型护滩工程，防止新生洲头低滩冲刷后退。

2）工程分期思路

根据分析，总体治理工程外部条件复杂，无法一步到位，有必要分多期实施，先期实施牛屯河边滩护滩带及江心洲左缘上段护岸工程；根据一期工程对江心洲水道平面形态调整情况，再实施心滩区域守控工程；然后在进一步跟踪分析的基础上，再实施剩余工程。江乌河段已实施的一期航道整治工程目标是稳定江心洲水道目前的滩槽格局，防止江心洲水道向不利方向发展，从而稳定全河段目前较好的航道条件。治理思路为：守住牛屯河边滩、防止窜沟发展、护住江心洲和彭心洲头及左缘，不改变本河段的流态、分流比，不对下游河槽产生影响。

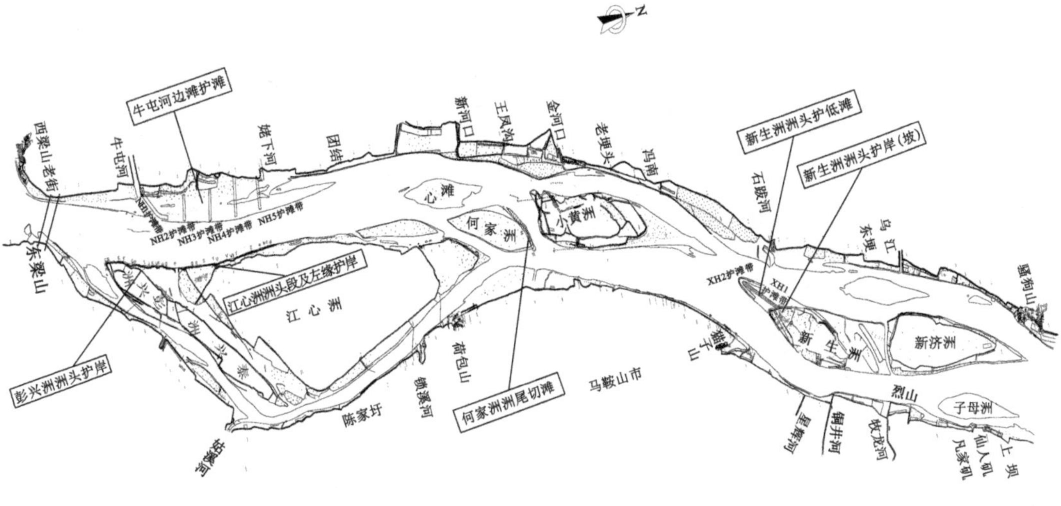

图5.2-2 江乌河段总体工程治理方案布置图

3)江乌河段一期工程引导恢复效果分析

已实施的江乌河段航道整治一期工程治理目标是:稳定江心洲水道目前的滩槽格局,防止江心洲水道向不利方向发展,从而稳定全河段目前较好的航道条件。治理思路为:守住牛屯河边滩、防止窜沟发展、护住江心洲和彭心洲头及左缘,不改变本河段的流态、分流比,不对下游河槽产生影响。

2010年工程竣工以来,整治建筑物基本稳定,牛屯河边滩窜沟逐年淤高。2012年5月竣工验收现场查勘发现,部分护岸存在崩岸,经修复后维持稳定,彭心洲—江心洲头及左缘护岸基本稳定。一期工程主要取得以下几个方面成效:

(1)整治工程实施后,限制了牛屯河边滩的不利发展,稳定了江心洲的航道条件。工程实施后,牛屯河边滩冲刷切割的不利态势得以有效控制(图5.2-3),江心洲、彭心洲护岸虽然出现了几次崩岸,但岸线整体稳定,有效地抑制了岸线的冲刷后退,固滩护洲,控制河势,防止航道条件向不利方向发展的建设目标基本实现。

(2)整治工程实施后,稳定了江心洲岸坡,稳定了河势,改善左汊航道条件。工程实施前,由于江心洲水道过于长直,主流摆动频繁,航槽经常发生大幅度摆动,上、下深槽之间的过渡段随之上提下挫,航道维护部门需不断调标才能维持船舶的正常航行。工程实施后,有效地抑制了岸线的冲刷后退,控制河势,遏制了江心洲左汊主流的摆动,改善了左汊主航道条件。航行基面下10m水深的宽度在200m以上,满足本河段规划要求。整治后,枯季航道尺度达到6.5m×200m×1050m(水深×航宽×弯曲半径)的要求。

(3)整治工程实施后,有利于堤防的稳定和港口的发展。工程实施前,由于江心洲水道过于长直,主流摆动频繁,航槽经常发生大幅度摆动,航道条件出现恶化,并将影响港区的正常作业。工程实施后,有效地抑制了岸线的冲刷后退,控制河势,遏制了江心洲左汊主流的摆动,改善了左汊主航道条件。江心洲港区前沿水深满足港区正常作业要求。同时,由于工程稳定了分流条件,保增长了大堤的安全。

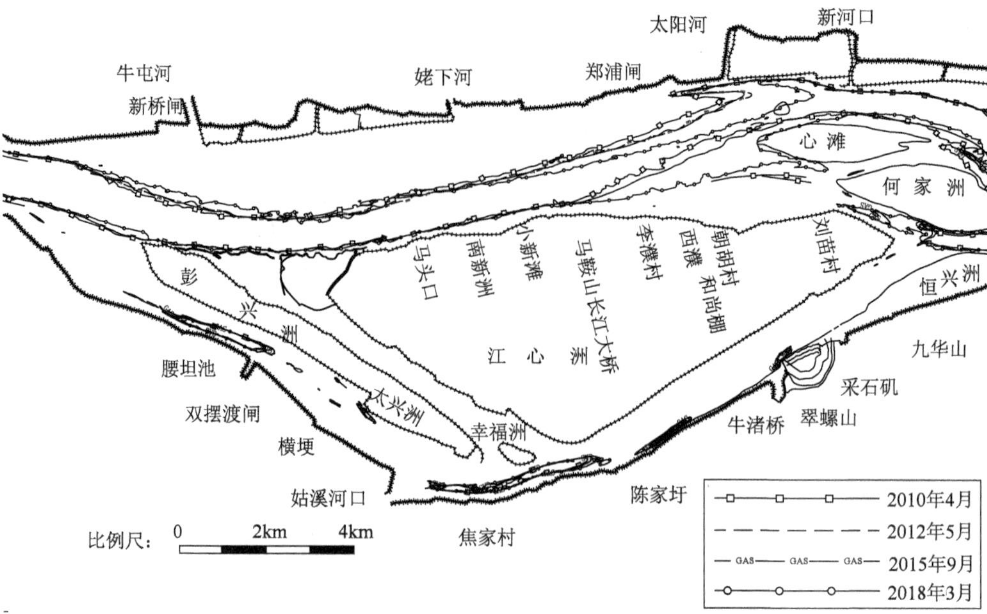

图 5.2-3 牛屯河边滩区域 -10m 等深线变化

总体来说，整治工程实施后稳定了水流条件，抑制了岸线的冲刷后退，控制河势，稳定了江心洲左汊的主流，维持了左汊的航道条件，达到了整治的预期目标。

4）江乌河段后续工程引导恢复原则

后续航道治理治理思路为：采取工程措施稳定江心洲水道下段滩槽格局，避免航道条件恶化，同时延续及强化一期工程效果，为后续江心洲及其下游航道持续治理打好基础。具体引导和恢复思路如下：

（1）一期工程后航道仍存在的不利因素。

依据近几年实测地形资料分析，一期工程实施后，牛屯河边滩窜沟冲刷发展的态势得以抑制，江心洲水道进口较好，航道条件稳定，实现了一期工程目标。但一期工程仍存在局限性，对心滩区域可能存在的航道条件恶化的问题未实施工程措施。目前，江心洲水道仍存在如下问题：①江心洲水道上段深槽右扩导致一起护岸岸脚冲刷，护岸不稳，航道边界不稳；②牛屯河边滩淤积下延，江心洲心滩头冲、尾淤且左侧冲刷，使得江心洲水道上过渡段航道条件不稳，主流摆动，影响马鞍山公路大桥主通航孔通航安全，且江心洲心滩过渡段与小黄洲过渡段间直线连接段距离缩短，过渡段航道条件恶化；③心滩滩尾的下移使小黄洲洲头过渡段（江心洲水道下过渡段）的航道条件进一步恶化；④江心洲心滩河段的发展变化对小黄洲左、右汊的分流稳定不利。

（2）治理部位及时机的选择。

江乌河段航道整治总体方案布置看，江心洲水道有四大工程区：一是牛屯河边滩的护滩工程区；二是彭兴洲和江心洲洲头及左缘的护岸工程区；三是江心洲心滩与何家洲工程区（包括小支汊封堵工程）；四是新生洲—经济洲河段工程区。根据一期工程后河床变化分析，总体方案确定的工程区是合适的，现阶段继续对江心洲水道较好滩槽格局进行守控需关注的区域仍是这三个区域。

牛屯河边滩是目前江心洲水道形成微弯河道的先决条件，它的稳定，直接影响江心洲水道乃至整个江乌河段滩槽的稳定，一期工程已实施了牛屯河边滩中部三条护滩带工程。从工程效果来看，实现了一期工程的设计目的，牛屯河边滩稳定性有较大增强。一期工程实施以来，牛屯河边滩头部存在少量冲刷，中下部淤积，整个牛屯河边滩滩体是稳定的。总体方案中，在一期工程 3 条护滩带上下游各有一条护滩带，但根据近期河演分析，牛屯河边滩头部冲刷幅度较小，第一条护滩带工程对牛屯河边滩守护作用较小，且实施第一条护滩带工程可能会给本已承受较大压力的一期彭心洲—江心洲左缘护岸带来更大的压力，不利于一期工程的稳定，牛屯河边滩尾部护滩带位置在一期工程实施后已明显淤积，护滩带实施的紧迫性不强。因此，本期工程暂缓实施牛屯河边滩护滩带工程。后续需对牛屯河边滩头部变化保持关注，如出现明显不利于牛屯河边滩的变化，则需按照总体方案要求，续建牛屯河边滩护滩带工程。

彭兴洲头、江心洲头及其左缘崩岸对河段的稳定有较大影响，一期工程已实施了守护工程。但从近年来的来水来沙变化及滩槽变化来看，彭兴洲头、江心洲头及其左缘受冲条件及江心洲水道深槽位置发生了明显不利于护岸稳定的变化，已实施护岸工程承受了超出预期的压力，一期护岸的范围和长度与现状承受的压力是不适应的。一期工程护岸在深槽临岸、槽深滩高的情况下，稳定性较差。因此，后续工程需对彭兴洲头、江心洲头及其左缘护岸的范围和强度进行深入研究，根据最新的河道变化情况及今后相当长一段时间内面临的三峡拦沙下游来沙大幅度减小的水沙情况，确定彭兴洲头、江心洲头及其左缘的守护范围及长度，确保江心洲水道较好微弯河型的稳定，确保江心洲水道主流的稳定。

江心洲心滩在一期工程实施以来变化较大，自马鞍山公路大桥至小黄洲过渡段间航道是处于一个不稳定状态的，主要的不稳定因素为江心洲心滩的冲淤。江心洲心滩目前的变化趋势是头冲、尾淤且左侧冲刷，若这一变化持续，则心滩过渡段与小黄洲过渡段的进一步缩短对该段航道船舶航行产生不利影响，特别是对小黄洲头过渡段航道船舶航行十分不利；同时，江心洲心滩过渡段位置的下移，有利于小黄洲左汊的分流而不利于小黄洲右汊的分流，而小黄洲左汊分流的进一步加强对处在小黄洲右汊的马鞍山港区不利，同时，对新生洲—新济洲两汊的分流格局也将产生负面影响。

上、下何家洲和江心洲心滩处在上、下过渡段之间，这三个江心滩洲所形成的洲滩群（称为心滩滩群）一定意义上起着边滩的作用，显然，过渡段航槽的稳定取决于边滩是否高大和稳定，因此，心滩滩群的稳定是该河段航道稳定的基础。

目前，马鞍山大桥桥轴下游的航道直线段长度约 2000m，约为设计代表船队 4413kW + 16 × 2000t（分节驳）船队尺度 316.05m 的 6 倍，大于《内河通航标准》规定的桥轴线下游直线段航道长度不小于两倍的设计代表船型长度。同时，两过渡段间的直线段航道长度约为 3500m，这个长度对于船舶调姿过弯、过桥基本是充分的。

为防止不利变化对航道条件的破坏，采取工程措施，对两个限制性航道间的心滩滩群进行守护，工程实施的条件成熟、时机有利。因此，后期工程拟对江心洲心滩进行守护，稳定目前较好的航道条件，遏制不利于河床变化的发展。

针对小黄洲头过渡段航道条件改善的问题，由于心滩区域目前处于变动的活跃期，河道自身调整还存在较大变数,从因势利导、顺势而为的治理理念出发,后续通过进一步研究河道自然演变方向,在一个相对较为稳定的边界条件下,再寻求改善小黄洲头过渡段航道条件的整治方案较为有利。

小黄洲尾至新生洲头从近期变化来看,存在一定冲淤,但对航道整治格局及航道条件无明显影响。且上游守控工程离小黄洲头较近,新的守控工程可能对小黄洲左右汊分流、分沙比有所影响,进而会对新生洲头及新生洲左右汊分流分沙产生影响。因此,在上游边界条件将出现变化的情况下,暂不对目前较优良且无明显不利变化趋势的新生洲—新济洲头实施工程。

(3)后续工程方案的初步探索。

依据航道存在的碍航问题、在治理思路指引下,通过物理模型和数学模型试验成果,初步形成了江乌河段的后续工程治理方案,如图5.2-4所示。在方案实施后,将根据河床地形继续跟踪本书研究提出的引导恢复技术效果。

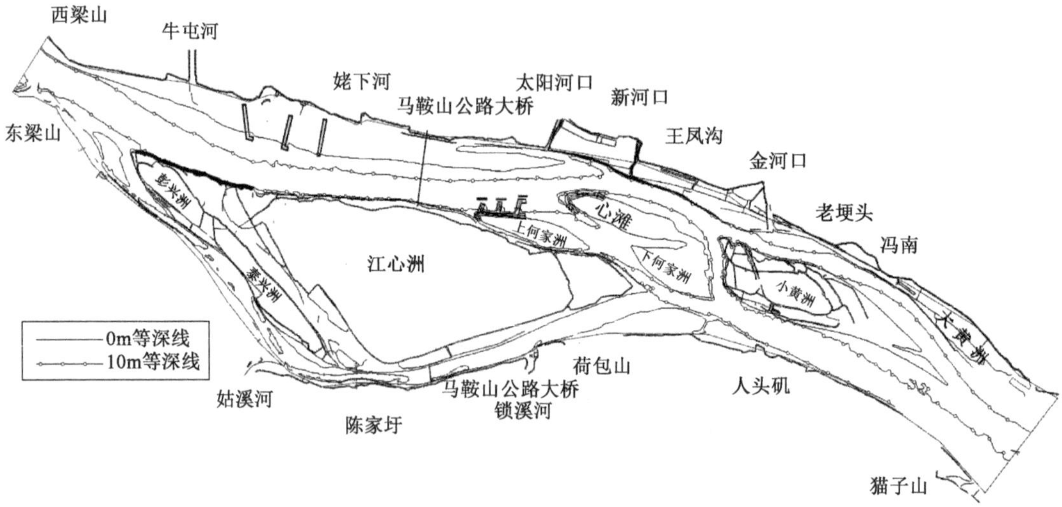

图5.2-4 乌江河段后续航道治理方案

5.3 戴家洲河段航道整治引导和恢复工程

5.3.1 戴家洲河段通航主汊道的选择

对戴家洲河段直水道左、右两汊的现状条件、航道尺度发展水域、巴河边滩问题、河型特征等进行了全面的对比分析(表5.3-1)。

戴家洲圆水道和直水道边界与航道条件对比一览表 表5.3-1

序号	圆水道		直水道	
	条件	属性	条件	属性
1	圆水道位于弯曲分汊河段的凹岸,汊内弯道水流运动特征明显,断面呈显著的弯道形态	有利	航道里程相对较短	有利

续上表

序号	圆水道		直水道	
	条件	属性	条件	属性
2	圆水道凹岸较为完整的护岸工程，构成为主导河岸且较为圆顺	有利	河面较为宽阔，高水时对船舶安全航行有利	有利
3	圆水道河势、河床相对较为稳定	有利	中洪水分流量较大	有利
4	圆水道港内水深条件较好，无明显碍航的浅滩	有利	戴家洲洲头特别是较高的部分明显偏北	有利
5	目前枯水分流量要大于直水道	有利	龙王矶、燕矶镇沿岸深槽多年存在且下延至直水道汊内	有利
6	汊内存在采砂，对圆水道分流量加大可能有益处	有利	直水道进口未出现过边滩	有利
7	进口位于大的河势的凹岸，但凹岸特点表现不明显	中性	戴家洲洲头堵塞直水道进口的现象未发生过	有利
8	河道的水面宽度相对较为狭窄	中性	直水道出口航道走向较为顺直，同下游的桥梁通航孔衔接较好	有利
9	汊道内有支流汇入	中性	进口存在洲头浅埂，即巴河通天槽常常碍航	不利
10	出口存在浅滩，但一般不碍航	中性	水面较宽，枯水水流分散，水流动力轴线变化的空间较大	不利
11	中洪水分流量明显小于直水道	不利	位于大的河势的凸岸，直水道特性较为明显	不利
12	汊内存在采砂，给船舶安全航行带来隐患	不利	枯水分流量小于圆水道	不利
13	圆水道较直水道航道里程长	不利	直水道内的戴家洲右缘岸滩存在坍塌现象	不利
14	进口存在历史上出现过的巴河边滩，该边滩的淤长对圆水道的进口航道条件有影响	不利	边滩发育不完整，且边滩多变，在大的河势的凸岸即戴家洲的右缘存在边滩	不利
15	戴家洲的洲头潜洲左偏对圆水道进口航道条件不利，历史上存在洲头封堵圆水道现象	不利	各级流量下水流的动力轴线不一致，目前深泓在直水道存在多次过渡	不利

续上表

序号	圆水道		直水道	
	条件	属性	条件	属性
16	圆水道出口处由于左岸迴风矶的存在，航行水流条件不好	不利	存在一处或多处碍航浅滩	不利
17	圆水道出口的下游待建的鄂州大桥以及相距很近的已建的黄石大桥对进出圆水道航道的影响要大些	不利	两岸的岸线均不太圆顺，右岸存在矶头挑流	不利

(1)由于选择圆水道难以解决巴河边滩存废问题，而巴河边滩的存在和发育将阻塞圆水道进口航道，航道整治工程对于改善浅滩是可期的，但要改变边滩的形成条件困难大甚至难以实现。同时，因涉及河势控制问题，迴风矶节点部分切滩工程难以实施，则位于圆水道出口迴风矶附近的不良流态问题难以解决，且紧临迴风矶下游大桥桥区航线和圆水道航线难以平顺衔接。

(2)直水道近几十年来绝大多数年份为通航主汊。目前，该汊存在的主要问题有三：一是分流不稳定，枯水期分流比变小；二是弯道特性变弱；三是枯水河道变直变宽。而这三个问题均可以通过工程措施来解决。此外，直水道航道与下游大桥通航孔可平顺对接，也不存在不良流态问题。

故此，选择航程短、水域宽阔且为船舶优择航线但目前航道条件暂时仍然不好的直水道为枯水期通航主汊[7]。

5.3.2 戴家洲河段航道整治目标河型

根据前述航道整治目标河型的概念，结合研究河段近三十年来的地形观测资料和地形特征的认识，选择选择右汊即直水道为通航主汊道的目标河型为1998年3月测图(图5.3-1)所表达的河床洲滩格局。

5.3.3 戴家洲河段治理时机

从目标河型来看，戴家洲河段目前的滩槽格局与目标河型有较大的差距，因此总体治理工程涉及的工程区很多，且工程量很大。若首先通过关键部位的整治来引导其他碍航河段的滩槽格局向有利方向发展，则是一个较佳的选择(工程量将大为减小，后续工程效果更为突出)。戴家洲河段浅滩的成因包括新洲头滩地形态不良及河道变直变宽两大方面，治理对策应包括对滩地形态的调整和枯水河床调整和束水攻沙两大方面。通过对滩地形态的调整，达到调控汊道分流比、增强直水道弯道特性的目的。调整工程实施后，直水道枯水河床及水流条件必将发生相应变化，枯水整治应根据巴河通天槽和直水道河床调整后的滩槽分布重新布置。显然，戴家洲水道的航道整治应分多步实施(分期实施)，先期实施起到承上启下作用的江心洲头部滩地形态调整工程，然后再实施巴河通天槽和直水道内枯水航道整治[8]。

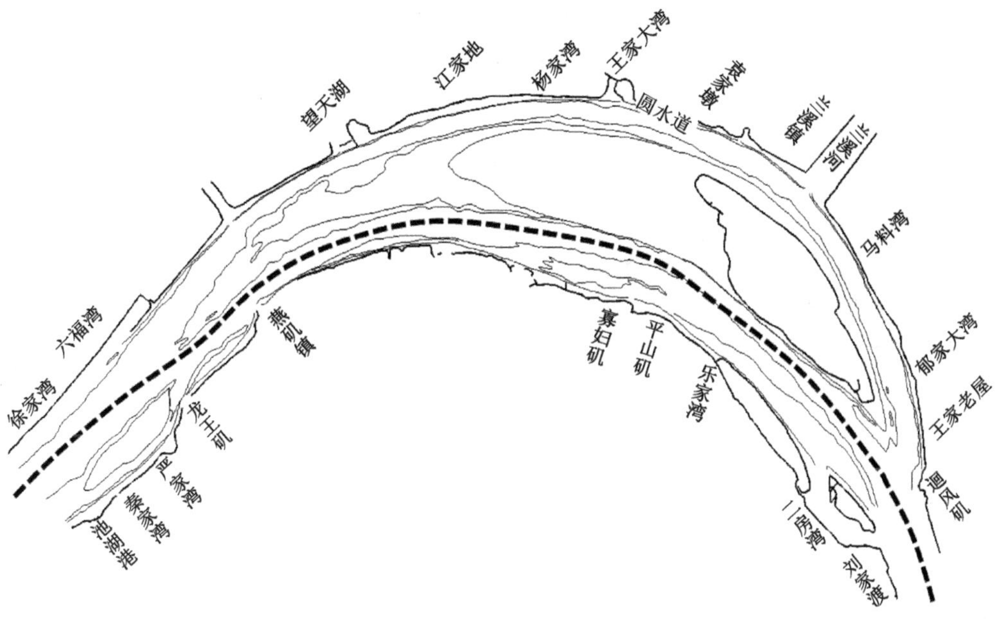

图 5.3-1　戴家洲河段 1998 年 3 月地形图(直水道目标河型)

5.3.4　戴家洲河段整治原则、工程区及系统治理思路

1)治理原则

(1)关于整治原则的基本思考

①关于分汊问题。

戴家洲水道长期以分汊河型的形态存在,这表明这种河型和来水来沙是适应、和谐、稳定的。基于中枯水的航道整治工程不应该改变也不可能改变这种两汊相对均衡的稳定格局,这是从宏观考虑。但只要在河床内实施工程,无论是守滩护岸的防守性工程,还是改变水流的进攻性工程,都将不同程度地影响两汊的分水分沙。一般而言,航道整治工程的实施难以动摇这种分汊格局,不过对于弯曲分汊河型存在枯水座弯、洪水取直的特点,因而对于凹岸一侧的汊道枯水分流比的减小要适当加以控制。

②巴河通天槽问题。

巴河水道在不同的来流条件下,它的水动力条件变化分别表现为三种不同河型的特征:一为顺直放宽河型特点(流量为 20000m^3/s 以下时,在戴家洲洲头存在由右向左的横流),二为分汊河型特点(流量为 60000m^3/s 以上时,在戴家洲洲头无明显横流),三为弯曲河型特点(流量为 30000 ~ 60000m^3/s,在戴家洲洲头存在由左向右的横流),这三种不同的特点的共同作用,使得这个河段的河床变形很复杂。

从 1980 年后,长江出现了两次比较大的洪水,即 1983 年(年平均流量为 27700m^3/s)和 1998 年(年平均流量为 28900m^3/s)年均流量相近,1983 年的最高水位 28.10m,而 1998 年的最高洪水位为 29.43m,要高;27.00m 水位以上持续的天数,1983 年为 22 天,1998 年为 78

天;24.00m 水位以上持续的天数,1983 年为 122 天,1998 年为 98 天;两年的峰型特征相近,均为单峰型且峰型较胖。同为大洪水,但洪水过后的河床变形特点表现的差别较大。1998 年大洪水后,随着巴河边滩的发育和冲蚀,戴家洲洲头在不断地后退,巴河通天槽的航道条件恶化、戴家洲直水道航道条件也在变差,特别是近几年来,每年都需通过移标、改汊或疏浚等航道维护措施来保障枯水期的航道畅通。1998 年的大洪水是近期河床演变的重要节点。

如果将戴家洲、巴河边滩和戴家洲的圆水道(左汊)整个视为下边滩,池湖港心滩及其右汊视为上边滩,则巴河通天槽就是一个过渡段浅滩,这是从宏观上看;同时,若将池湖港心滩及其右汊、戴家洲及其右汊视为边滩的话,这个边滩就是一个弯道河型的凸岸边滩,巴河通天槽只是边滩的滩唇而已,这同样是从宏观上来看的。从微观看,通天槽实际上是池湖港心滩的滩尾和戴家洲洲洲头的延伸体。

位于顺直放宽的巴河通天槽是进入圆水道和直水道航道的首选航线,水浅、位移是其基本特点。因此,适度地缩窄枯水河宽、改变水流是改善巴河通天槽的有效途径。

③戴家洲洲头和巴河边滩问题。

戴家洲洲头是充分发育的,其左偏右移、上提下挫,横向和纵向的变化幅度很大。原因有二:其一是上游的动力轴线在不同年际间、不同的流量过程条件下,它是变化的,尽管变化的幅度不大,但也足以引发戴家洲洲头的冲淤变化;其二是河道放宽,使得这种变化有足够大的空间。

池湖港心滩、巴河边滩和戴家洲洲头的冲淤变化以及上游来流动力轴线的位置决定着巴河通天槽、圆水道进口的航道条件,当巴河边滩较为发育时,戴家洲洲头一般上提且左偏,即上游的主流动力轴线偏右,直水道无论枯水、中水还是洪水都为主汊;当巴河边滩冲蚀的时候,表明上游的动力轴线左偏,戴家洲洲头下挫右偏,圆水道枯水分流量加大,而直水道枯水分流量减小,巴河通天槽航道条件变差。

戴家洲洲头是本河段的敏感点,航道水深和位置的变化往往由它的变化表征。因此,我们以为守控位于中枯水下顺直放宽河段的戴家洲洲头可能存在的进一步后退,同时在现状地形下适当上延洲头,对于改善巴河水道的水深条件和抑制巴河边滩的发育(相对较大的河宽处往往存在边滩或心滩,洲头的上延相当于塑造心滩,从而减小了河宽,自然边滩的形成水域得以有效压缩)是十分有利的。

④直水道港内浅滩问题。

由于直水道河宽较大,弯曲不明显,所以整个直水道内弯曲的河床断面形态在寡妇矶以上表现得非常不明显,以宽浅为主要特征,而在寡妇矶以下则有所表现,寡妇矶对冲的戴家洲主体一般年份难以满顶;由于直水道的这种特点,不同年份的边滩和浅滩位置不定,边滩或左或右,与此对应,存在着一个或多个过渡段浅滩。

目前,直水道的中枯水分流量相对较小、河宽相对较大、弯曲半径过大,因而形成浅滩是非常自然的,适当加大直水道分流量、减小河宽是解决直水道浅滩碍航的有效途径。当然,如果直水道的中枯水分流量足够大,而河宽不再增大,则直水道浅滩碍航将有可能不治而愈。

⑤直水道凹岸不规顺问题。

虽名为“直水道”，但由于戴家洲水道为弯曲河型，直水道亦属微弯河型，其凹岸即戴家洲右缘岸线十分不规顺，且局部岸壁还在坍塌，根据目前进行中崩塌位置偏下游的基本状况，这种坍塌还难以自然形成较为规则的弧线岸线。

基于岸线的崩退将导致直水道河宽继续增大，故而对戴家洲右缘进行守护是十分必要的。

⑥工程布局和协调问题。

研究河段滩多、河长，条件复杂，因此，需要设置若干工程区，各工程区的功能和作用需要加以界定，其作用可能存在利弊两面，通过工程的总体合理布局，使各工程区形成合力、消弭弊端，协调解决整个河段的航道整治问题。

⑦守护和整治问题。

较差的航道条件表明，戴家洲河段的洲滩格局是不良的，它和我们要达到的航道目标是不匹配的。因此，我们认为目前在长江中下游较为广泛采用的全守护治理原则不太适宜，戴家洲河段需要通过包括进攻类和防守类工程来改变这种非常被动的航道维护现状。

(2)整治原则及目标

基于上述分析，并根据《长江干线航道发展规划》，确定戴家洲河段航道整治的总体目标为：改善巴河水道的航道条件，减小和消除航道维护的困难局面；以戴家洲直水道作为通航主汊，航道尺度达到4.5m×200m×1050m，保证率为98%。

戴家洲河段的河段治理原则为：维持分汊、择汊直水道，守控洲头、调整水流、护岸守滩，总体治理、分期实施，综合布局、统筹兼顾。

2)工程区及布局

择汊直水道的各工程区位置及工程总平面布置设想：

进入直水道的巴河通天槽航道位置不稳定是长期的，同时在一些年份还存在航道尺度不足的状况；直水道内在一些年份存在一个或多个出浅浅滩，应该说整治直水道航道的难度主要体现为线长面广。治理直水道自上而下宜设置4个工程区(图5.3-2)，Z1和Z2分别为巴河边滩工程区、戴家洲洲头工程区，其目的是稳定和改善巴河通天槽航道、两汊分流、稳定戴家洲洲头等，二者要求相互配合、合理设置；Z3为直水道凸岸边滩(右边滩)工程区，该工程区的目的是利用直水道微弯的河势构筑和稳定边滩，形成微弯的枯水河槽；Z4为直水道戴家洲右缘(直水道左岸)的护岸工程，该工程区的实施目的是限制直水道的进一步拓宽，和Z3工程区相呼应。

3)系统治理思路

根据分析，戴家洲洲头是本河段的关键部位，直水道航道水深和航槽位置与之变化密切相关。因此，稳定并适当上延洲头，稳定两汊分流条件，并适度缩窄巴河通天槽枯水河宽，可改善巴河通天槽过渡段、直水道进口浅区航道条件。

直水道河宽较大，弯曲不明显，由于直水道的这种特点，不同年份的边滩和浅滩位置不定，边滩或左或右，与此对应地存在着一个或多个过渡段浅滩。因此利用直水道微弯的河势构筑和稳定边滩,有利于形成微弯的枯水河槽。

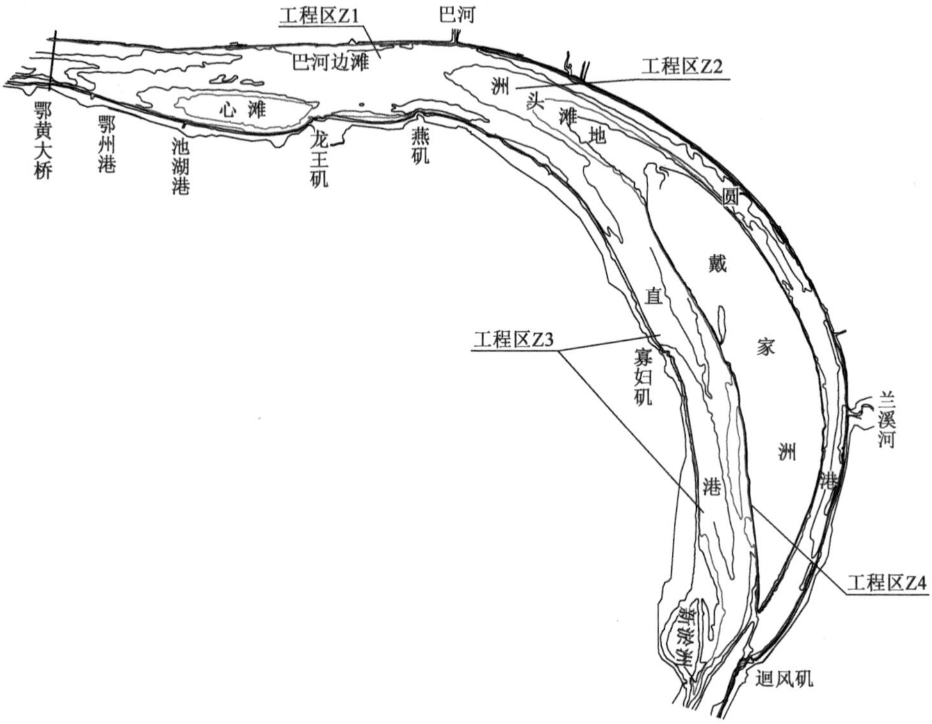

图5.3-2 择汊直水道的工程区位置示意图

位于直水道凹岸的戴家洲右缘岸线十分不规顺,且局部岸坡不断坍塌,这种坍塌还难以自然形成较为规则的弧线岸线。基于岸线的崩退将导致直水道河宽继续增大,故而对戴家洲右缘进行守护是十分必要的。

研究河段滩多、分布广、演变复杂,因此,对本河段的治理不宜一步到位,有必要分期实施。先期实施在总体治理工程中承上(巴河边滩工程区)启下(直水道港内工程区),并起到核心作用的戴家洲洲头工程,根据河道变化情况,再适时实施直水道内治理工程。

5.3.5 戴家洲河段航道治理方案、分期原则和引导恢复效果

1)戴家洲河段航道总体整治方案及分期

在上述总体治理思路认识的基础上,基于多组方案的试验研究,提出了总体治理方案(图5.3-3)。最初的总体方案是基于2006年2月地形形成的,当时滩槽多次过渡,形态不良。洲头守护工程实施后,对总体方案进行了优化,形成两类总体方案。研究结果表明,总体方案可以较好地实现工程的总体治理目标。

根据分析,总体治理工程不宜一步到位,有必要分期实施。一期工程实施的总体方案为先期实施洲头鱼骨坝工程,使变低后退的洲头滩地得到一定程度的恢复,形成有利滩地形

态,稳定直港分流比,同时塑造直水道进口凹岸的弯道边界,增强进口段枯水期直水道弯道水流特性以及两岸稳定性,为总体整治方案的实施奠定基础。近期维持两汊交替通航的格局。

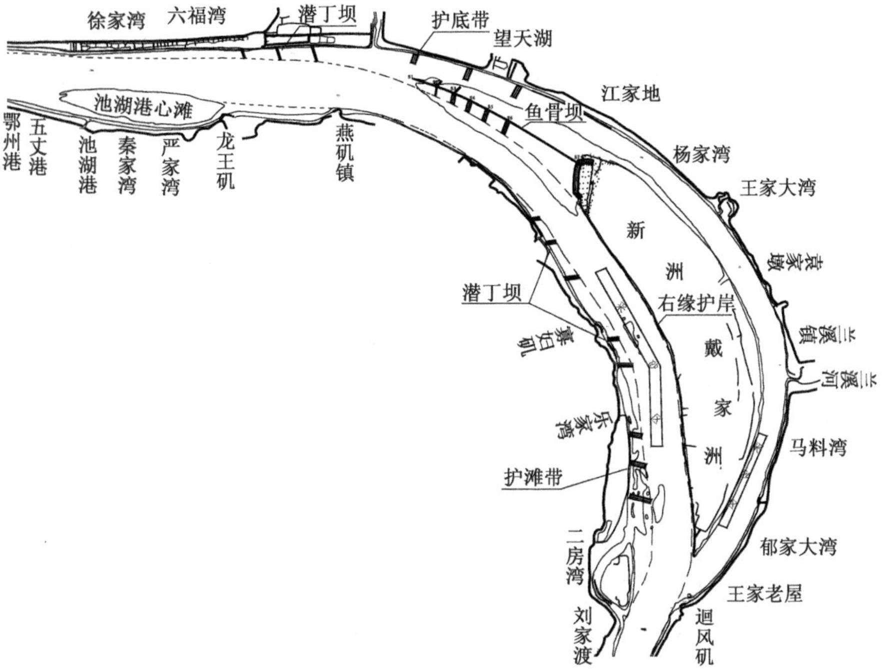

图5.3-3　优化后的总体方案平面布置图

2)戴家洲河段一期航道整治工程引导恢复效果分析

在一期整治工程实施之后,本河段河床形态的调整十分有利于直水道航道条件的改善。新洲头滩地0m线淤积前伸,一期工程鱼骨坝区域普遍表现为淤积。两汊进口的分流条件一定程度上得到稳定,直水道枯水期分流比较工程前也有所增加。目前圆水道内4.5m等深线贯通,进口段巴河边滩已冲蚀。巴河水道进入直水道的过渡段浅区(直水道进口浅区),水深有所增加,航行基面下4.5m等深线贯通。直水道入流条件在鱼骨坝的作用下得到了有效控制,维持了目前较为有利的深泓一次过渡的形态,同时直水道内深槽有所冲刷且几乎全线贴戴家洲右缘,呈现理想的发展趋势;从"观补"向下直至新淤洲河段,直水道凸岸边滩有所淤积,一般为航行基面下 -0.5~2.0m,呈明显发育状态。位于直水道中段的上浅区水深略有增加,但仍为碍航浅区,碍航段有所缩短;原中浅区得到根本改善,4.5m等深线已贯通。位于直水道出口处的临戴家洲洲尾右缘低矮边滩冲刷明显,直水道下过渡段左移,该处浅区(直水道下浅区)水深有所增加,航行基面下4.5m等深线贯通。可见,一期工程鱼骨坝稳定了两汊分流条件,同时鱼骨坝工程有效延长了直水道弯道凹岸边界,增强了直水道进口段弯道水流特性,巴河通天槽过渡段浅区有所改善,直水道内滩槽形态也有所改善,且汊内浅区水深也略有增加,为本河段后续工程的实施创造了有利条件并奠定了良好基础,与设计目标是基本一致的。

一期工程实施后，直水道航道呈现明显向好的发展趋势，直水道内一次过渡的良好的滩槽格局基本形成，深泓贴凹岸，凸岸边滩有所淤积，且戴家洲右缘中上段崩退岸线已十分接近理想弯曲线形，这和彰显直水道微弯河型特征相协调。河段航道整治目标河型为深泓沿戴家洲右缘坐弯的河型，总体治理思路为直水道形成微弯的枯水河槽，目前的滩槽格局与目标河型基本一致，与总体治理思路相协调。同时，直水道进口浅区航道条件有所改善，直水道出口段下浅区航道条件得到了稳定。可见，使本河段航道尺度达到规划目标的治理时机目前已形成。

考虑到直水道弯道特性不强，弯道环流强度较弱，直水道内深泓近期呈一次过渡与多次过渡交替变化的基本演变态势，若不及时加以控制，则直水道深槽必然再次形成多次过渡的不利局面，若遇特殊水文年，直水道滩槽格局转化的进程将会明显加快，航道条件恶化，直水道目前较好的治理时机将逐渐失去。根据研究，直水道中段是控制直水道滩槽格局进而影响直水道航道条件的关键位置，因此，为巩固和发展直水道内较好的滩槽格局，进一步改善浅区航道条件，与已实施工程平顺衔接，有必要及时实施二期整治工程（直水道中上段凸岸边滩整治工程及戴家洲右缘护岸工程）。

3）戴家洲河段二期航道整治工程引导恢复效果分析

2012 年末开始实施戴家洲河段航道整治二期工程。二期工程是对一期及右缘守护工程的延续，工程主要包括戴家洲右缘中上段护岸、直水道右岸中上段 3 道潜丁坝。工程目标为：在前期工程的基础上，通过必要的工程措施，改善戴家洲直水道的航道条件，河段航道尺度达到 4.5m × 200m × 1050m，保证率为 98% 的规划目标。同时建议本工程实施后，遇不利水文年可能出现不满足规划航道尺度的情况，应加强观测分析，密切关注本河段变化，必要时辅以维护措施。治理原则为：与总体治理工程思路相协调，与一期工程及戴家洲右缘下段守护工程相衔接；通过工程措施，巩固和稳定直水道滩槽格局，提高浅区航道水深。

二期航道整治工程引导恢复的效果分析和评价：

航道水深分析表明（2012 年 8 月—2014 年 2 月），二期工程实施完成后，本河段“十二五”期规划目标基本能实现，河段航道尺度基本达到 4.5m × 200m × 1050m，保证率为 98% 的规划目标。二期工程实施以来，本河段河道岸线稳定，洲滩深槽平面形态及位置变化不大，总体河势保持稳定，仅河段局部发生一定程度的变化和调整，浅区航道条件有所改善。下面分别从来水来沙变化、代表性横断面冲淤变化（断面位置见图 5.3-4）、河床冲淤量变化、平面冲淤变化、深泓变化等方面对二期工程实施以来的河道总体变化情况进行初步分析。

（1）分流比变化

从近期戴家洲水道分流比变化来看，2014 年 2 月较 2013 年 3 月增大约 4.3%，直水道分流比的增大，对直水道航道条件是有利的；另外，直水道枯水分沙比一般大于分流比（表 5.3-2）。

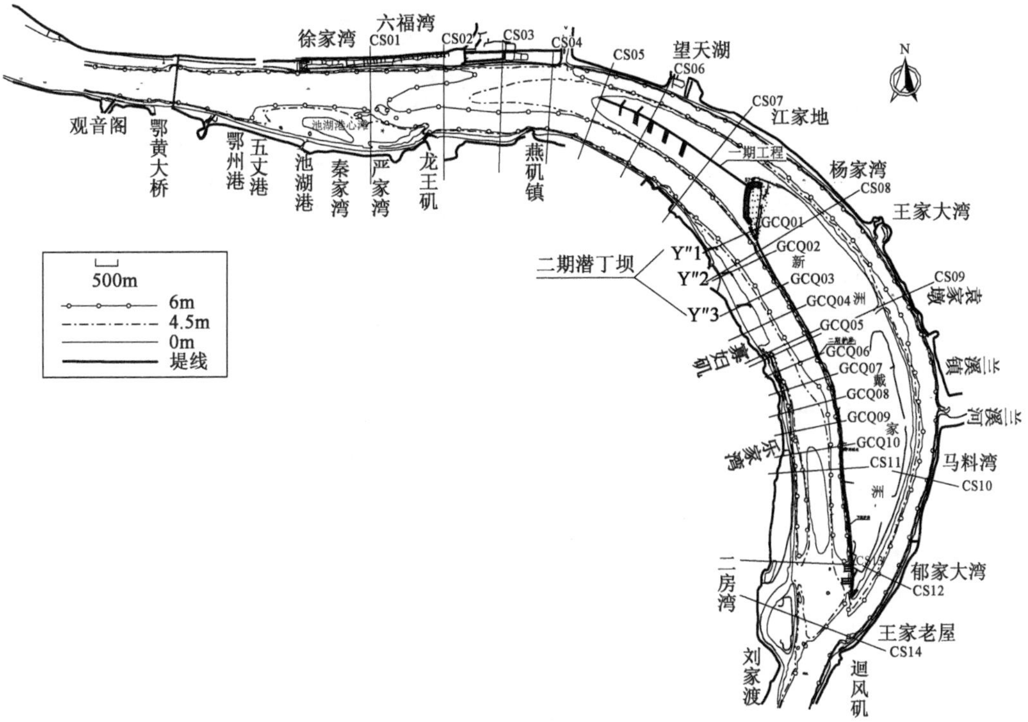

图 5.3-4　戴家洲河段断面选取图

工程实施以来戴家洲河段汊道分流比变化表　　表 5.3-2

测量日期		流量(m^3/s)	分流比(%)		分沙比(%)	
			直水道	圆水道	直水道	圆水道
一期及右缘下段施工后	2008 年 3 月 28 日	13301	48.6	51.4		
	2011 年 2 月 19 日	11576	52.0	48.0		
	2011 年 12 月 28 日	10389	54.6	45.4	58.9	41.1
	2012 年 1 月 31 日	11587	58.5	41.5		
二期工程施工后	2013 年 3 月 5 日	12127	55.7	44.3		
	2013 年 10 月 10 日	21760	56	44		
	2014 年 2 月 16 日	9953	60	40		

(2)代表性横断面冲淤变化

巴河水道代表性断面(池湖港心滩所在断面 CS01):巴河水道上深槽左侧略有冲刷而中部出现明显淤积,最大淤积幅度约为 7.0m,但水深条件仍良好;池湖港心滩左侧明显冲刷,最大冲深达 12.0m,该滩体右侧较稳定(图 5.3-5)。总体来看,该断面明显坦化,枯水河宽增加约 300m。

两汊分流区段代表性断面(CS03 ~ CS06):圆水道进口段地形冲淤幅度不大,最低处水深约为 6.3m,6.0m 等深线宽度较窄,最窄处仅约 50m;直水道进口过渡段地形有所冲刷,最大冲深约 5.0m,最低处水深超过 6.0m;洲头滩地有小幅度淤积(图 5.3-6)。

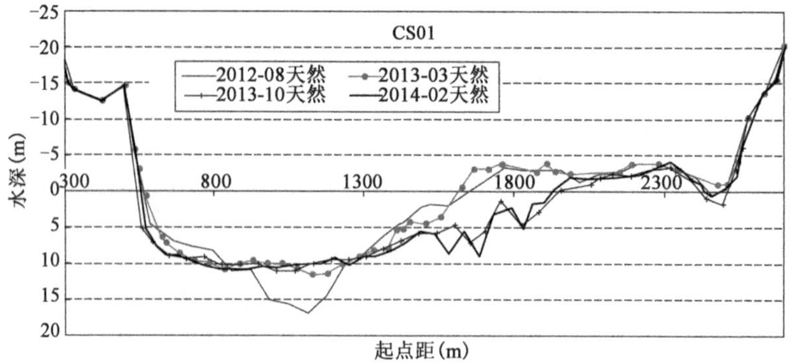

图 5.3-5　巴河边滩典型断面变化

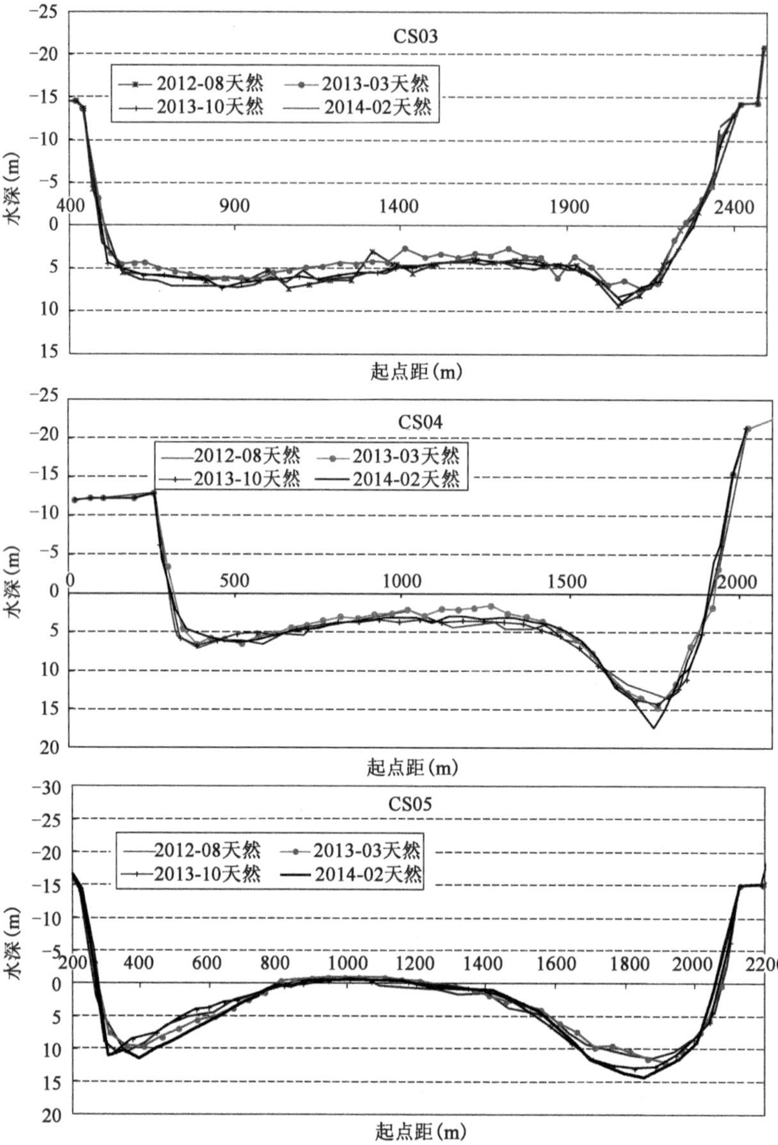

图　5.3-6

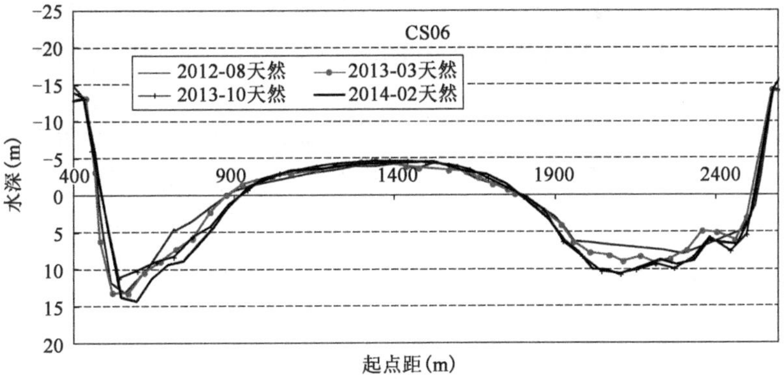

图 5.3-6　戴家洲分流口进口断面

直水道上段代表性断面(GCQ01 ~ GCQ02):潜丁坝工程区域地形有所淤积,淤积最大幅度约为 3.4m;潜丁坝工程区对开处洲头滩地右缘有所冲刷,最大冲深达 8.0m;由于滩地右缘的冲刷左退,此处深泓有所左摆,靠滩地右缘一侧而下,同时航槽地形有所冲刷,最大冲深约 2.3m,航道条件得到明显改善(图 5.3-7)。

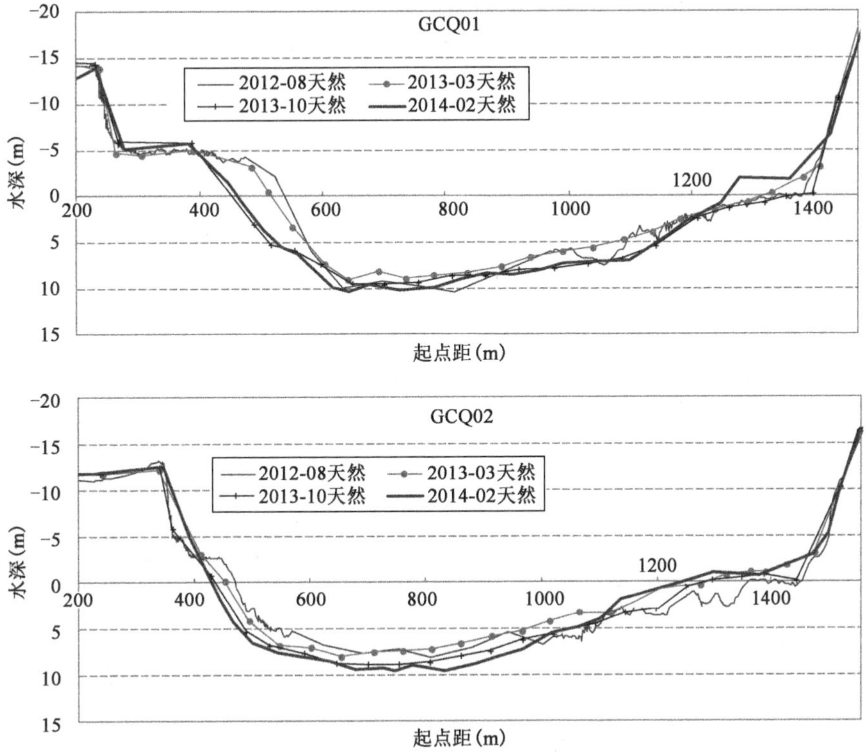

图 5.3-7　直水道上段典型断面变化

直水道中段代表性断面(GCQ05 ~ GCQ10、CS11):在寡妇矶稍下江中仍存在一明显的心滩,该心滩将直水道中段以下河道分为左右两槽,河段呈双槽形态,左槽即为紧贴戴家洲右缘的通航主槽,右槽即为寡妇矶沿岸槽。左槽中段深泓较稳定,航槽地形变化不大;临寡妇矶沿岸槽(右槽)槽首有所淤积,最大淤积厚度约为 4.3m,但该槽中下段明显冲深且下延,最大冲深达到11.5m。心滩总体表现为头部冲刷、尾部淤积，呈整体下移的态势，由于心滩头部冲刷下挫，致使左槽中段枯水河宽略有增加，心滩尾部有所淤积，最大淤积厚度超过5.0m(图5.3-8)。

直水道下段代表性断面(CS13)：直水道下段深泓紧贴戴家洲右缘，该处深槽冲刷明显，最大冲深约为6.0m，航槽水深明显增加，航宽变化不大；直水道下段凸岸边滩冲淤幅度很小(图5.3-9)。

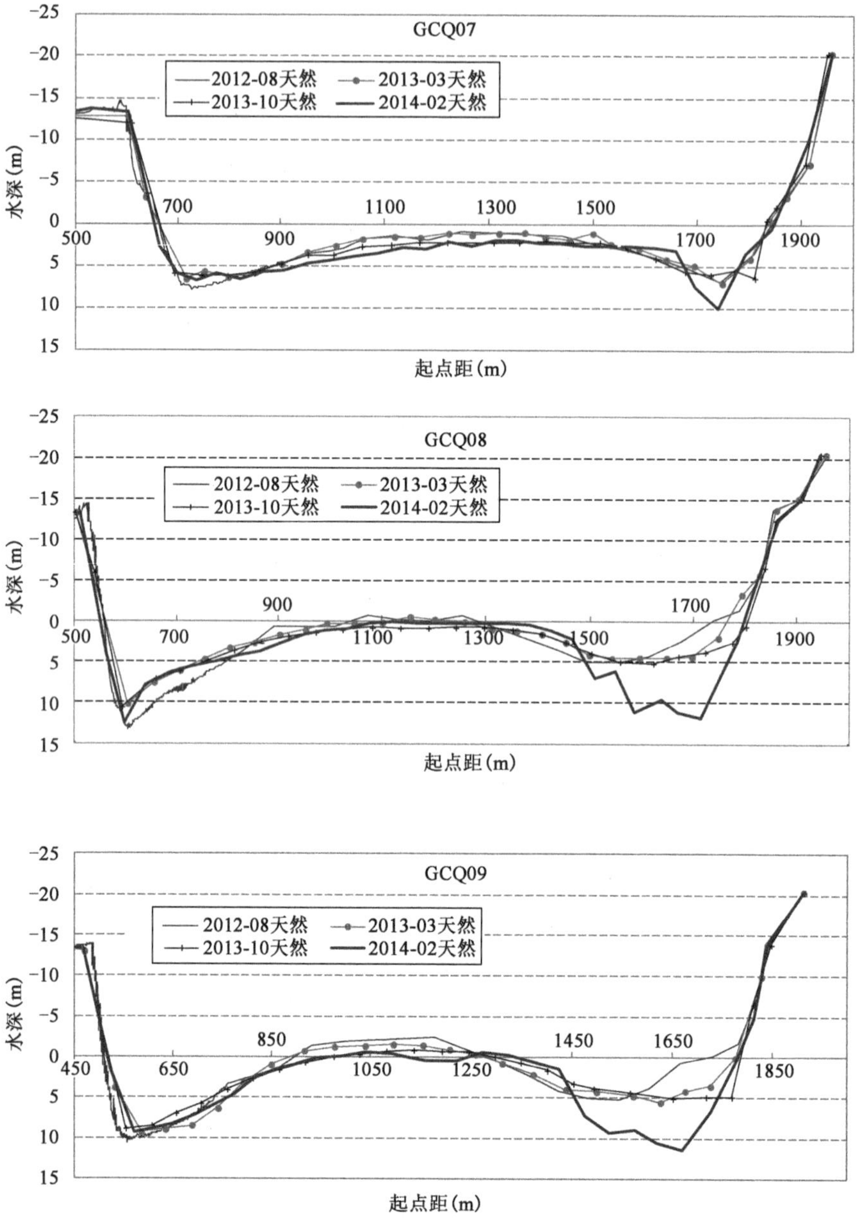

图 5.3-8

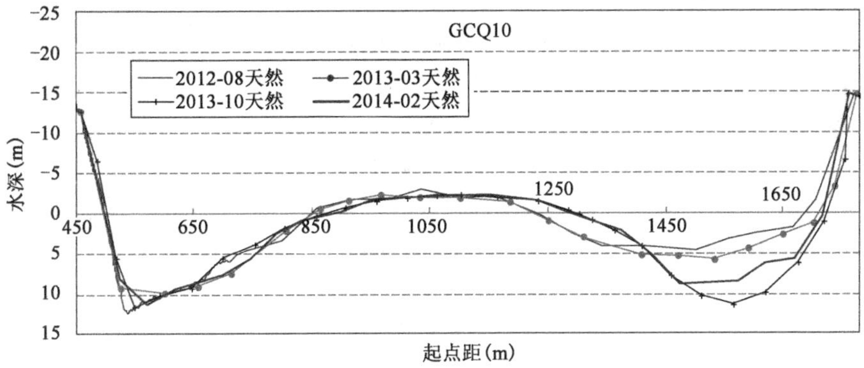

图 5.3-8　直水道中部断面变化

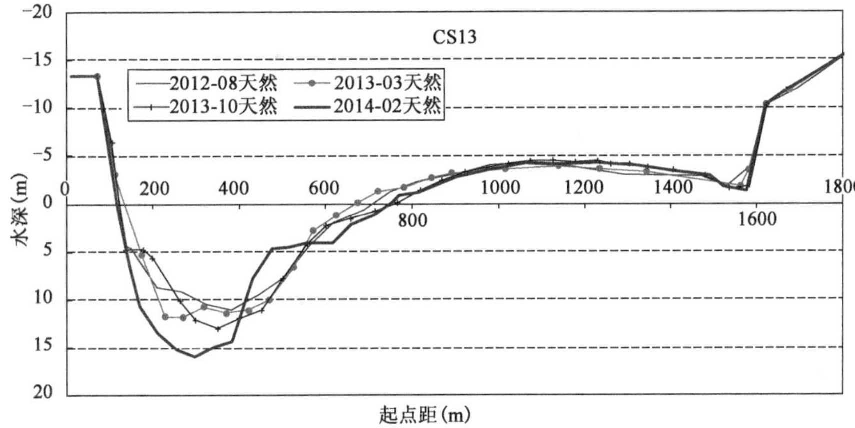

图 5.3-9　直水道下段断面变化

两汉汇流区段代表性断面(CS14):汇流区段深槽冲淤幅度很小,水深条件良好;新淤洲左缘低滩淤积明显,最大淤积厚度约 5.0m,对河段出口段边界条件及航槽的稳定是有利的(图 5.3-10)。

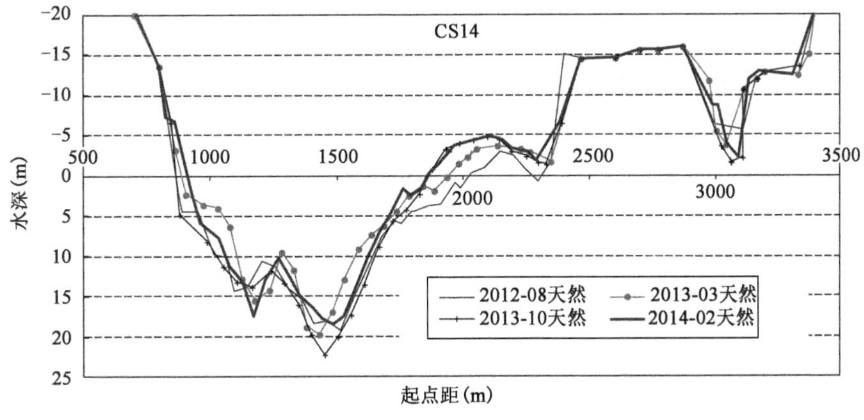

图 5.3-10　直水道和圆水道汇流口断面变化

(3)河床纵向冲淤变化(代表性纵剖面)

①河段深泓纵剖面(分汊段深泓包括圆水道和直水道)

全河段深泓表现为两头低、中间高的特点,这是由本河段河床形态的特点所决定的。且受局部地形影响,深泓沿程变幅较大(图5.3-11),左、右两汊比较来看,圆水道除进口外,航道条件较好,水深一般超过10.0m,且航道条件较稳定,2012年8月—2014年2月,圆水道内深泓变幅较小;与圆水道相比,直水道内航道条件相对较差,2012年8月—2014年2月,该汊道内深泓变幅相对较大,其中各浅区最低点均有所冲深。

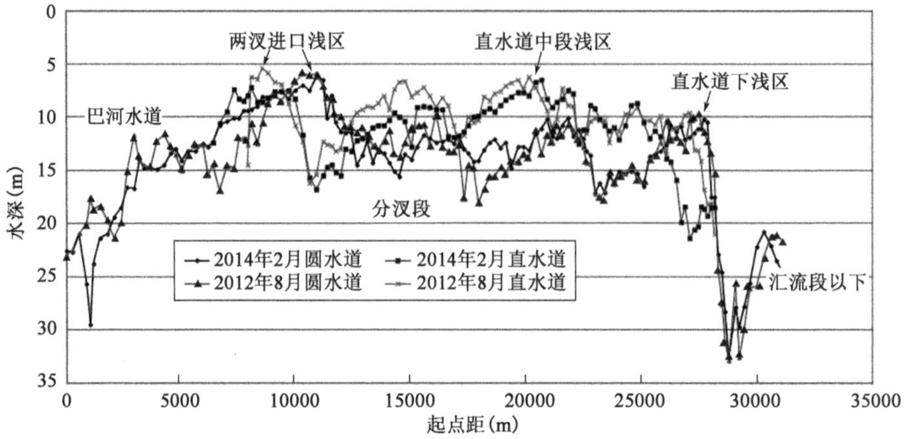

图5.3-11 圆水道和直水道深泓变化

②池湖港心滩断面

从2014年2月最新的地形图来看,池湖港心滩滩脊上段较稳定,而中下段冲刷明显,其中滩顶中部出现一明显的冲刷坑,下段冲刷明显,最大冲深约12.0m,整个心滩滩脊呈"M"形的双驼状;直水道进口过渡段浅滩滩脊变幅不大,只是在临心滩尾部处有明显冲刷(图5.3-12)。

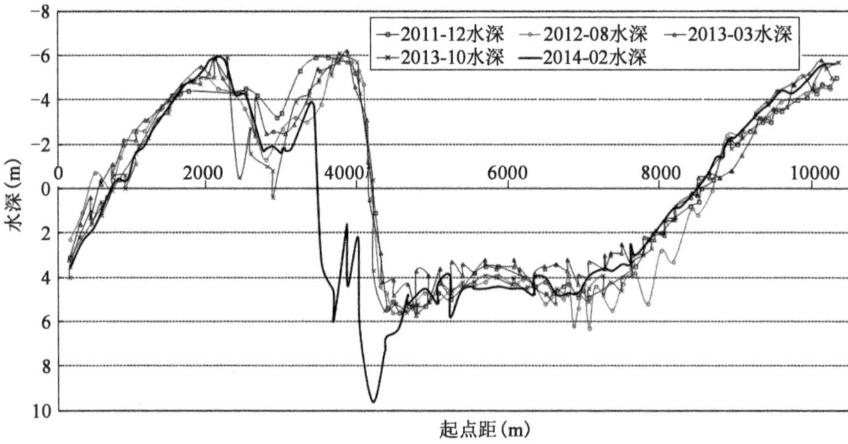

图5.3-12 池湖港心滩滩脊线变化

③戴家洲洲头纵剖面

一期工程实施后,洲头滩地呈逐渐淤积态势且整体较稳定,2012 年 8 月—2014 年 2 月,脊坝附近滩脊地形略有淤积,地形高程与脊坝工程高程基本一致,其中中上段处局部地形还略高于原脊坝工程高程(图 5.3-13)。

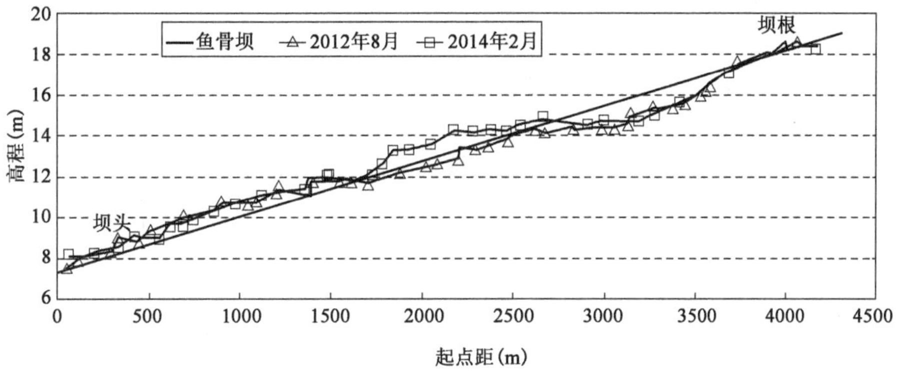

图 5.3-13　戴家洲洲头低滩滩脊线变化

④直水道中下段心滩纵剖面

该心滩表现为头部冲刷、尾部淤积,呈整体下移的态势。其中心滩头部最大冲深约 2.0m,原心滩尾部淤积最大厚度约 6.8m,滩顶位置下移约 640m,心滩滩顶有所淤高,由原来的航行基面上 3.5m 淤至航行基面上 5.0m(图 5.3-14)。

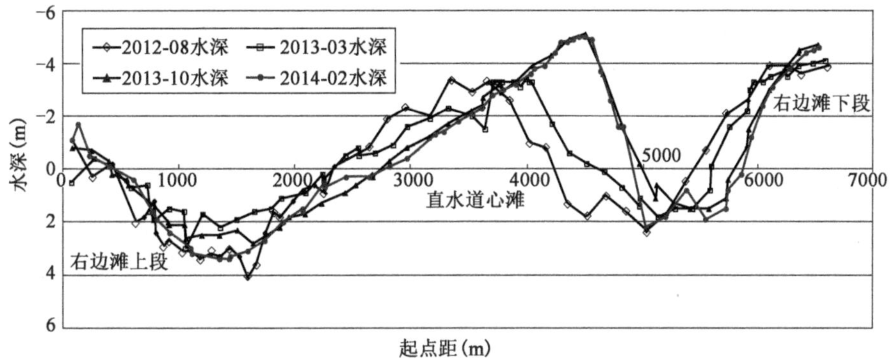

图 5.3-14　直水道中下段心滩纵剖面变化

(4)河床冲淤量变化

由表 5.3-3 可知:从全河段累积冲淤总量来看,2012 年 8 月—2014 年 2 月,经历了 2012 年落水期、2013 年以及 2014 年的枯水期,河段总体表现为冲刷,冲刷量为 $3245 \times 10^4 m^3$;从各区间段冲淤量可以看出,河段进口至戴家洲洲尾段均表现为冲刷,而洲尾至迴风矶段的汇流区段表现为淤积;从汊内冲淤量及冲淤分布来看,直水道内河床冲淤量相对圆水道为大;两汊汊内的冲淤演变规律相反,即圆水道淤则直水道冲,圆水道冲则直水道淤(与前期演变规律一致)。

河段天然各区间累积冲淤量表(+为淤积,-为冲刷,下同)　　表 5.3-3

河段范围	距离(km)	断面范围	河段冲淤量(万 m^3)
巴河水道(巴河口以上河段)	11.5	CS1 ~ CS44	-1416
洲头段(分流区段)	5.0	CS44 ~ CS66	-735
分汊段	11.0	CS66 ~ CS113	-1285
洲尾至迴风矶段(汇流区段)	1.5	CS113 ~ CS122	192
合计	29	CS1 ~ CS122	-3245

(5)深泓变化

2012 年 8 月—2014 年 2 月,本河段河势总体保持稳定,深泓整体变化不大,只是局部存在一定的变化。巴河水道为顺直形态,深泓居中略偏左;圆水道微弯形态较为明显,深泓靠左岸而下;直水道一次弯曲的微弯形态逐渐形成,深泓从燕矶处逐渐靠向左岸,并贴左岸(戴家洲右缘)而下。深泓平面变化较大的区域主要有两处:其一为巴河水道进入直水道区域,由于池湖港心滩中下段较大幅度的冲刷,致使该处深泓右摆,最大摆幅约 800m;其二为直水道中上段区域,由于戴家洲二期潜丁坝工程的实施,右边滩明显淤积,左侧低滩侧蚀,深泓左摆,最大摆幅约 250m,直水道深泓趋于平顺。直水道中段右岸寡妇矶沿岸槽始终存在,其规模受不同水期影响变化也比较大,目前该沿岸槽规模较大,其中 4m 等深线长度由 2012 年 8 月的 3200m,增加至约为 4000m;6m 等深线长度由 2012 年 8 月的 900m,增加至约为 3300m。

(6)河床平面冲淤变化

戴家洲河段 0m 等深线变化(相对于航基面)如图 5.3-15 所示。

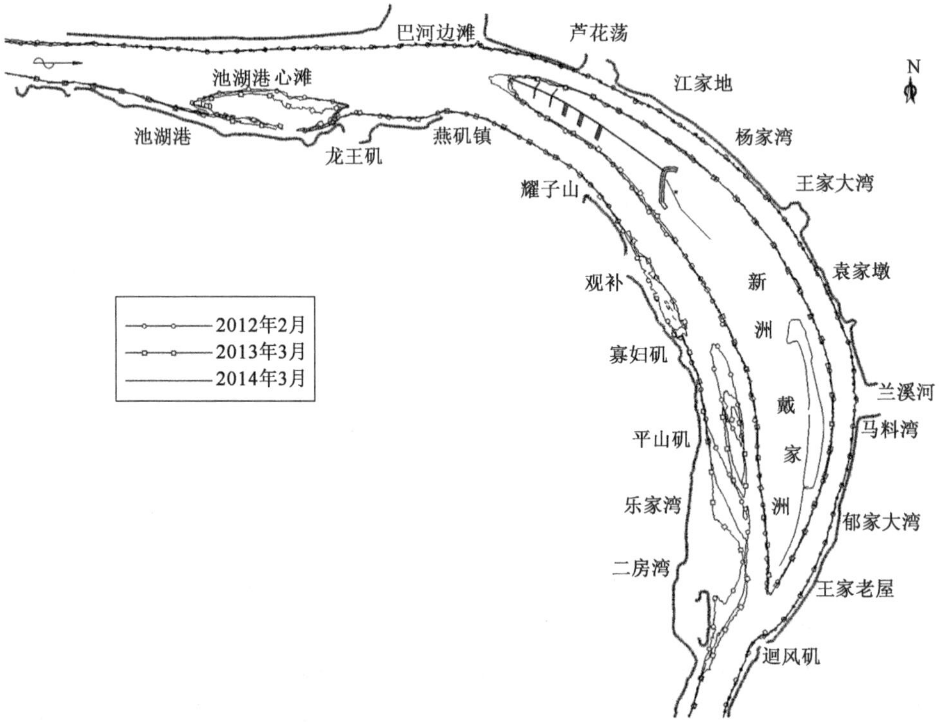

图 5.3-15　戴家洲河段 0m 等深线变化

池湖港心滩：从 2014 年 2 月最新的地形图来看，池湖港心滩左缘中下段冲刷明显，0m 等深线向右蚀退最大幅度约 320m，该处主槽中枯水河宽明显增加；池湖港心滩上段及滩体右侧较稳定。戴家洲洲头滩地：2013 年 3 月，低滩略有淤积，而后又略有冲刷，滩体整体较稳定；潜丁坝工程区对开处洲头滩地右缘有所冲刷，0m 等深线向左侧蚀退约 80m，整个低滩岸线趋于平顺，与戴家洲右缘已护岸线平顺衔接。圆水道进口左岸不存在明显的滩体（巴河边滩冲蚀）；圆水道凸岸边滩较稳定。由于直水道中段右岸寡妇矶沿岸槽的长期存在，直水道凸岸边滩被其割断开，该边滩中上段即为已实施潜丁坝工程区域，该处有所淤积，其中 0m 等深线向左侧河心一侧最大淤长约 360m；边滩下段受寡妇矶沿岸槽（右槽）的冲刷下延的影响而有所后退，其中滩头 0m 等深线后退约 700m，不过该滩体仍较发育，较大范围的滩体高程在航行基面以上，对直水道出口过渡段浅区十分有利。直水道江中心滩位于寡妇矶稍下江中心滩 0m 等深线长度约为 2300m，最大宽度约为 435m。该心滩呈整体下移的态势，其中 0m 等深线整体下移约 600m。戴家洲洲体右缘护岸工程实施后，整个洲体较稳定，右缘岸线较平顺；坡脚处较为稳定，冲淤幅度很小。

（7）航道条件变化

戴家洲河段 4.5m 等深线变化如图 5.3-16 所示，具体表现如下：

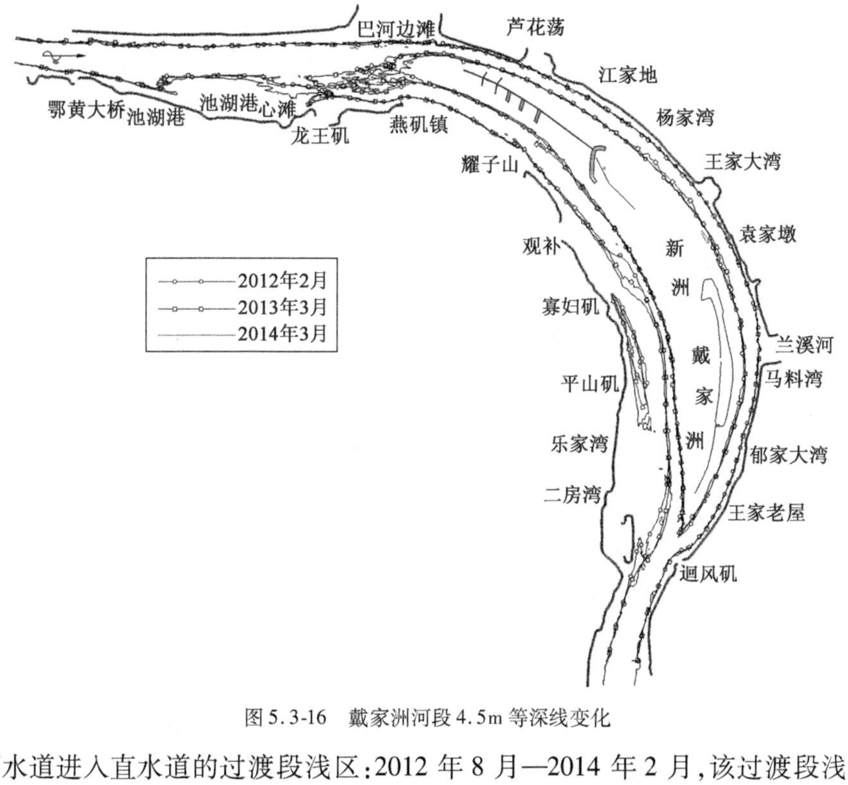

图 5.3-16　戴家洲河段 4.5m 等深线变化

巴河水道进入直水道的过渡段浅区：2012 年 8 月—2014 年 2 月，该过渡段浅区表现为先淤积后冲刷，如 2013 年 3 月，该过渡段浅滩 4m 水深以上滩体面积明显增大，该处淤积与池湖港心滩左缘中下段冲刷有关，而后过渡段有所冲刷。从航行基面下水深来看，工程实施后，该过渡段浅区 4.5m 等深线贯通，宽度超过 200m。直水道内过渡段浅区：从等深线平面变化来看，二期工程实施后，直水道的航道条件有所改善，航道 4.5m 等深线全线贯通，宽度超过200m。由于直水道右下边滩的充分发育，位于直水道出口段的下浅区航槽贴戴家洲尾部右缘且较稳定，水深条件有所改善，航槽水深明显增加，浅区4.5m等深线贯通，宽度超过200m。但由于直水道中段心滩将枯水河槽分为双槽，并随着心滩的下移及临寡妇矶深槽的下延，对直水道中下段航道条件稳定不利。圆水道进口过渡段浅区：二期工程实施以来，该过渡段浅区4.5m等深线贯通，宽度超过200m。该过渡段浅区航行基面下最小水深为5.5m（2013年3月）。

整体而言，工程逐步引导通航主汊道（直水道）的分流比、航道条件及滩槽格局向有利方向发展，航道条件大幅改善。

5.4 沙市河段航道整治引导和恢复工程

5.4.1 沙市河段目标河型

根据近期河段地形资料以及分析情况，如果沙市河段航道整治工程需立即实施的同时没有大桥的话，研究认为2005年11月的河型是一个非常适合于进行航道整治的目标河型。由于大桥的存在，这种河型不可能作为沙市河段航道治理的目标河型，因此这里就不再对这种河型的优势和特点进行分析。

根据相关研究成果分析，选择1992年的汛末河型作为航道整治的目标河型（图5.4-1），这个河型的典型特征就是三八滩右汊枯水分流比较小，估计在20%左右。

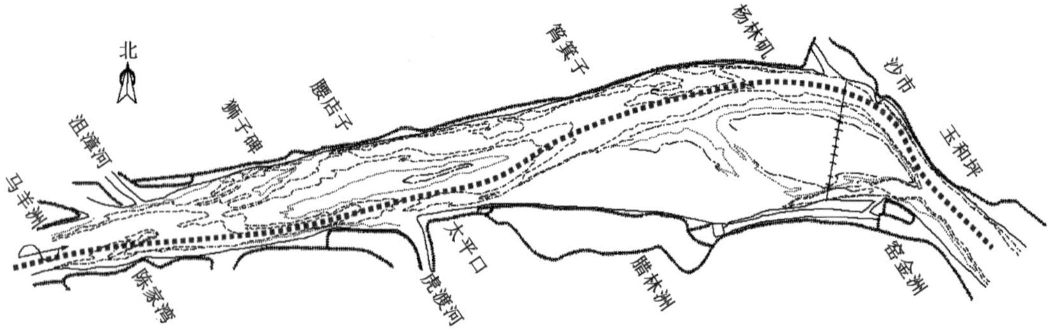

图5.4-1　沙市河段1992年11月地形图（目标河型）

从流路的选择上，研究认为“南槽”（太平口心滩）“北汊”（三八滩）走势较为合理，因为它符合“微弯”原则，同时“南槽”走向和上游的动力轴线的走向是相容的、和谐的。

如果航道整治工程实施时的河型和目标河型相差较大，应该先实施主体工程，以营造有利的滩体态势，继而采取进一步的航道整治工程加以保护。

5.4.2 沙市河段航道治理原则

航道治理原则的确定来源于河床演变分析和对其趋势的预测，河床演变特点如下：

（1）自陈家湾到观音寺整体河势表现为酷似“头盔”状的缓弯型大弯道，其中沙市河段两头窄中间宽，特别是自陈家湾到杨林矶河段13km的河段呈顺直的喇叭形放宽；沙市河弯顺直河型特征较微弯河型特征表现相对要明显。

（2）研究河段的放宽段自上而下存在太平口心滩、腊林洲边滩和三八滩，各滩体在不同的水沙条件作用下消长不定，这是沙市河段河床演变的基本特征；较为强盛水流作用于由松散的中细沙组成的河床，使得河床的活动性较大。

(3)太平口心滩的滩头、滩尾及滩沿、滩顶在水流的作用下不断地变化，两槽的分流比也随之变化不定，心滩中部的斜向窜沟的生成和位置的移动表明其存在被解体的可能。

(4)腊林洲高边滩滩头近年来持续后退，主槽的宽度不断增加，增加了太平口心滩和三八滩间过渡段主流摆动的平面尺度；滩头如果不加控制的话，它将继续冲蚀后退。

(5)三八滩的滩头及其右缘近年来在不断地冲刷后退，它是腊林洲边滩滩头后退的衍生结果，因为边滩对三八滩的掩护作用减弱，使得三八滩处于主流的顶冲位置，2000 年汛期三八滩冲失是经年冲刷的终极结果，它完成于该年的 7 月中下旬的落水期。

(6)新三八滩在老三八滩冲失的同年生成，我们推断它应该成长于该年的 8 月 2 日—11 月 4 日间，因为这个时段有足够高的水位、足够的沙量和足够的淤积时间。新三八滩形成之后，就处在不断冲刷和淤积之中，从而不断地变形、移位；2005 年 11 月测图所显示的三八滩滩形、滩位以及左、右汊的断面形态表明，守护当前的三八滩对改善该河段的航道条件益处不大。

(7)已建的荆州长江公路大桥的主通航孔设置在左汊岸边、副通航孔设置在右汊岸边，就目前的河型、河势条件而言，要保证主、副通航孔都能通航可能是比较困难的。

(8)沙市河段主槽内虽存在两个较大的江心洲(滩)，但二者对水流的作用相对于水流对它们的作用而言处于弱势，即水流更容易改变它们；由于水流更易改变滩形，故而顺直的本河段水流的动力轴线未受较强的束缚，所以变化和摆动是该河段水流动力轴线变化的常态。

综上而言，河段内的太平口心滩和三八滩都是不稳定的、多变的，它们对水流的改变作用有限，而水流改变它们相对容易，三峡水库运用后这种状况不会改变，只会加剧。

由此，提出如下的航道治理原则：整治为主、疏浚为辅，中水整治和高水导流相结合，守护固滩和低滩促淤并重。

5.4.3　沙市河段总体治理思路

在治理原则的指导下，为实现航道整治的目标河型，提出如下工程布置措施：

(1)马羊洲洲尾设置一条导尾坝。该导尾坝设置的目的是控制其下游主流可能的摆动，工程实施后，要密切注意马羊洲两汊分流比的变化和马羊洲的稳定。

(2)太平口心滩河段的左侧设置一组丁坝。该组丁坝的主要目的是封闭枯水左槽，集中中枯水水流于右槽。该组工程措施不是为了改变汛期水流的流向，如果能将洪水和中枯水的水流动力轴线统一并稳定于右槽，那么该工程将事半功倍。根据汉江中游航道整治工程研究中关于施工顺序的研究成果以及工程实施后的成功经验，该组工程可采用总体设计、分期施工的方式进行，这种工序将起到节省工程投资的目的。

(3)守护腊林洲边滩，采取护坡工程守护腊林洲边滩头部(斜线部分)，其目的是阻止腊林洲边滩滩头的进一步后退，避免河宽的再加大给航道整治工程增加难度。

(4)腊林洲边滩头部修建导流坝，沿腊林洲边滩头部的斜线方向修建导流坝，该导流坝要伸向河心，与此同时，适当开挖三八滩左汊，增大该汊的过水面积，其目的是将中洪水以下的主流诱导、挤压至贴临左岸。这个导流坝的坝顶高程应较高，当其掩护区内泥沙淤积滩面抬高到一定的高程后，它的主要功能就完成了，应及时降低高程，避免其长期存在影响防洪。

(5)守护"三八滩"。在腊林洲边滩头部导流坝工程实施后,密切跟踪三八滩左汊的发展情况,一旦左汊的发展断面形态适宜,立即将三八滩沿左汊滩缘加以守护,包括修建分流咀和导流坝呼应。这里需强调的是,要保证大桥的主、副都通航是困难的,工程量也将较大。故此研究的工程措施是保主弃副。

5.4.4 沙市河段航道治理方案、分期引导和恢复效果

1)沙市河段航道整治方案

依据上述治理思路形成了沙市河段的综合治理方案,具体如图5.4-2所示。三峡水库蓄水后,太平口水道三八滩快速萎缩,面临再度冲散解体的威胁。目前已开展的航道整治工程均将三八滩作为沙市河段航道治理的关键。先后实施了两届应急守护工程,并通过沙市航道整治一期工程完成了对三八滩中上段的守护,紧接着实施了腊林洲高滩守护工程。

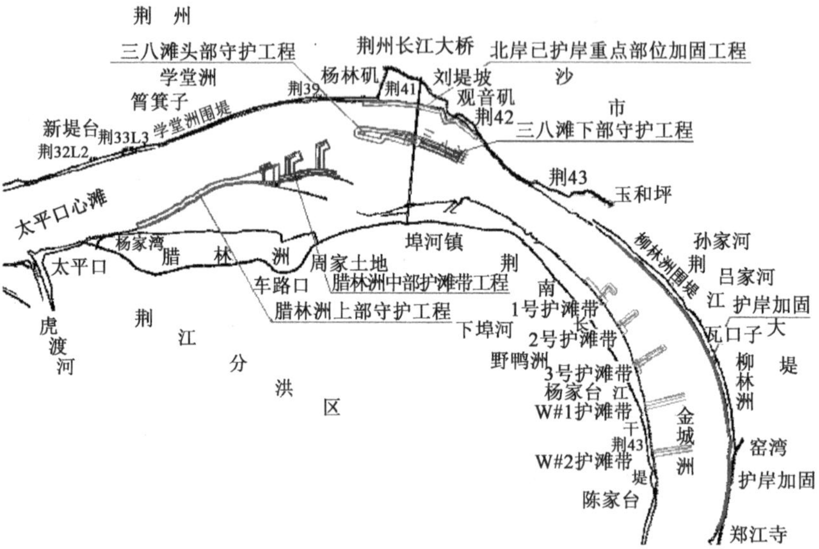

图5.4-2 沙市河段整治工程平面布置图

2)沙市河段航道治理工程引导和恢复效果

(1)三八滩守护工程

三峡水库蓄水后,沙市河段三八滩快速冲刷、大幅萎缩,为此,而面临再度冲刷结题的威胁,为此,先后实施了两届应急守护工程,由于受资金等制约,两期三八滩应急守护工程实施的规模和强度不够,受清水下泄及河道自身条件的影响,三八滩面临再度冲刷解题。为防止三八滩再度冲散引起河势和航道条件向不利方向的进一步恶化,2008年汛后开始实施了沙市河段航道整治一期工程,主要是在三八滩及守护基础上对三八滩进行加固完善,完成了对三八滩中上段的守护,目前发挥作用的主要是沙市航道整治一期工程,工程取得了较明显的效果。保持了近期三八滩中上段滩脊的稳定,近些年中上段的滩形也保持为一期守护的范围,初步维持了沙市河段下段分汊的河势格局,为下一阶段沙市河段的航道治理提供了必要的基本河道条件。在一定程度上改善了航道条件,实现了北汊通航的关键在于杨林矶边滩,二杨林矶边滩的变化与三八滩密切相关,应急工程、沙市一期航道治理工程的实现,有效地

稳定了三八滩滩头的位置,限制了杨林矶边滩的发育空间,2007 年起,紧靠三八滩头部的 2 号槽发育长航槽。随着上游南槽分流比增加,目前中枯水分流比维持在 60% 左右,相应北汊进流也得到改善,三峡水库蓄水运用至 2004 年底,中枯水分流比在 32% ~36% 之间,2005 年以后,北汊分流比与流量相关性较好,但北汊枯水期分流比较以往有所增加,与 2004 年相比,增加了近 10%,使得汊道内有所冲刷。枯水季节,在辅以一定维护性疏浚措施的情况下,北汊维持全年通航,基本满足了现行的航道维护尺度的要求。

(2)腊林洲守护工程

在三八滩工程实施后,依据引导恢复基本原则,进行了腊林洲滩体守护工程。腊林洲边滩位于沙市河段上、下分汊段之间过渡段的关键洲滩,按已有的认识,在完成对该边滩中上段的守护后,将主要取得以下效果。腊林洲中上段冲退后态势得到抑制,稳定了局部区域的主流,腊林洲边滩中部拐点处河道相对较窄,对太平口心滩尾部的位置有较强的控制作用,其边滩守护后,沙市河段上段两槽格局将基本得到维持。腊林洲边滩中上段作为太平口心滩南槽主流贴流段,中枯水期对水流的作用明显,其持续崩退必然引起过渡段分汇流结构的调整,将使得目前南槽出流中的一部分进入北汊的有利格局受到较大威胁,因此,腊林洲守护工程实施后将遏制这一不利的变化趋势,基本稳定南槽的出流方向。

综上可见,腊林洲守护工程实施后,可防止引起急促崩退使得河道进一步展宽而导致沙市河段洲滩形态、水流结构等发生不利变化,配合沙市河段航道整治一期工程对三八滩的控制守护,稳定沙市河段滩槽形态,基本形成稳定的河势格局,为沙市河段航道治理后续措施的逐步实施奠定基础。

5.5　本章小结

(1)利用 TK-2DC 软件进行了戴家洲河段整治方案的数学模型研究,包括一期工程方案、右缘守护工程方案、二期工程方案效果分析,为该河段整治工程方案的确立提供了依据。目前该河段航道整治一期工程、右缘守护工程及二期工程建设均已基本完成,工程效果与数学模型模拟结论一致。

(2)应用于长江中下游航道整治的理论和技术解决航道整治和维护中的难题,针对沙市河段、戴家洲河段、江乌河段、湖广—罗湖洲河段等滩段,有效解决了分汊河道难于治理的科学和技术难题。

参 考 文 献

[1] 谢鉴衡. 河流模拟[M]. 北京:中国水利水电出版社,1989.
[2] 李昌华,金德春. 河工模型试验[M]. 北京:人民交通出版社,1981.
[3] 乐培九. 坝下冲刷[M]. 北京:人民交通出版社,2013.
[4] 张瑞瑾. 河流泥沙动力学[M]. 北京:中国水利水电出版社,1991.
[5] 唐存本. 河沙起动规律[J]. 水利学报,1963(2):3-14.
[6] 刘万利. 长江下游江心洲—乌江河段河床演变宏观分析报告[R]. 天津:交通部天津水运工程科学研究所,2011.

[7] 刘万利,李旺生,朱玉德,等. 长江中游戴家洲河段航道整治思路探讨[J]. 水道港口,2009,30(1):31-36.
[8] 张明进. 长江中游戴家洲河段航道整治工程数学模型研究报告 [R]. 天津:交通部天津水运工程科学研究所,2007.